Kaiserstuhl

Streifzüge zwischen Rebstock und Himmelburg

Wolfgang Abel

Inhalt

Kaiserstühler Artenreichtum von A bis Z 243

Ölmühle

Wundertüte Kaiserstuhl

Man trifft Bienenfresser, Smaragdeidechsen und andere Charakterdarsteller

Reif für die Insel

Das Leben kann schön sein: Auf der Mondhalde losgehen und über die Rebhänge am Pulverbuck schweben. Anemonen blühen, Eidechsen huschen, Winzer winzern. Absteigen ins Tal nach Oberbergen, im Rebstock einkehren, oder in der Schelinger Sonne, oder in der neuen Kellerwirtschaft, wo Edelstahltanks und Spätlesen wie in einer Kathedrale präsentiert werden.

Im Kaiserstuhl begegnen sich Einwanderer und Eingeborene, Vesperwirtschaft und Ambitionslokal. Manchem Winkel der Vulkaninsel täte etwas mehr Innovationsdruck gut, andernorts kann alles so bleiben, wie es gewachsen ist. Wenn in Eichstetten die Schlepper durch's Oberdorf rumpeln, wird einem ohnehin klar: wo Burgunder gedeiht, wächst auch Eigensinn.

An einem satten Sommertag mit dem Rad über den *Texaspaß* heizen und danach vor dem Oberrotweiler Schwimmbädle ausrollen, wäre auch typisch Kaiserstuhl. Oder an der Südwand eines Rebhäusles Zeitung lesen – im Februar, durchströmt von der Wintersonne, begrüßt von der Mandelblüte.

Der Kaiserstuhl ist eine Insel, manchmal steht ein fahlgrüner Unimog mit offenem Verdeck im Rebmeer, manchmal stehen schwarze Cabrios vor besternten Landgasthöfen, Bienenfresser und Smaragdeidechsen gibt es natürlich auch. Kommen Sie einfach mit.

Rebstock und Himmelburg

Wer es darauf anlegt, durchwandert den Kaiserstuhl an einem Tag. Mit dem Auto ist die Vulkaninsel an einem Nachmittag umkreist, inklusive Weineinkauf und korrespondierender Einkehr. Genug Ziele für eine Woche gibt es aber durchaus, selbst für ein Jahr: die gleiche Strecke, mal zur Obstblüte, mal an einem Sommertag, mal zur Weinlese – drei Welten.

Chancen statt Regeln: Top-ten-Tips oder debile Hitlisten werden Sie hier ebensowenig finden wie Marschanleitungen.

Kaiserstuhl leuchtet – November auf der Himmelburg bei Ihringen

Den „nach 250 Metern links um“ Stil überlassen wir gerne altdeutschen Wanderkameraden.

Wer dem Kaiserstuhl näher kommen möchte, sollte mit Wetterlage und Stimmung umgehen können. Auch deshalb gibt es hier kein stures Abwandern von Routen, sondern kommentierte Anregungen. Passionierte Herumtreiber schätzen das Spiel mit äußerer und innerer Kondition und sie halten sich an das bewährte Motto der Wandervögel: „Der Würdige findet den Weg.“

Der Würdige findet den Weg – Pfirsichblüte am Pulverbuck

Ausgehen und Einkehren: Ausgangspunkte meiner Kaiserstuhl-Streifzüge kann ein Wanderparkplatz, eine Paßhöhe mit Panorama oder eine quirlige Landgemeinde sein. Erscheint Bemerkenswertes, eine Nußbaumallee, eine reizvolle Einkehr oder auch ein lohnender Laden, wird dies natürlich erwähnt. Auch über landschaftliche und kulinarische Problemzonen wird zu berichten sein.

Dies hier ist keine Marketing-Broschüre und wir wollen uns nichts vormachen. Der reich gedeckte *Naturgarten Kaiserstuhl* inspiriert die lokale Gastronomie nur in Ausnahmefällen. Die Obst- und Gemüsegärten am Weg mögen überquellen, auch alte Lokalsorten werden am Kaiserstuhl kultiviert; was auf den meisten Gasthauskarten auftaucht, sind aber allenfalls Fragmente einer gesegneten Kulturlandschaft – manches wirkt alibimäßig inszeniert, anderes so bieder runtergekocht wie zu Heinz Erhards Zeiten.

Die Diskrepanz zwischen fruchtbarer Scholle, gewöhnlicher Küche und betagtem Betriebssystem erstaunt einen immer wieder auf's Neue. Der Aufbruch der deutschen Küche ist im

Wanderweg am „Texaspaß" bei Oberbergen

Kaiserstuhl allenfalls in einer Hand voll Häuser angekommen, der große Rest variiert mehr oder minder gekonnt den üblichen Kanon. Kulinarische Offenbarungen sind ebenso selten wie die Küchenschelle, Trost spendet freilich stets der Wein.

Die im Text markierten Tourenausgangspunkte liegen in der Regel an einem zentralen Wegkreuz des Schwarzwaldvereins. Standortname und Höhe des Wegweisers werden im Text genannt, oft auch exemplarische Entfernungen. Diese Ausgangspunkte erschließen lohnende Wander- bzw. MTB-Routen, PKW-Parkplätze sind meist genug vorhanden. Die genannten Plätze sind natürlich auch leicht mit dem Rad zu erreichen.

Alle Randgemeinden des Kaiserstuhls sind von Freiburg (bzw. von Breisach) aus mit der Breisgau-S-Bahn erreichbar. Je nach Tageszeit im Halbstunden-/Stundentakt, Fahrplaninfo: www.rvf.de

Info: www.kaiserstuhl.cc (offizielle Seite von Naturgarten Kaiserstuhl. Kaiserstuhl-Tuniberg Information: Marktplatz 16, 79206 Breisach, Tel. 07667-940155.

Naturkundliche Informationen: www.naturzentrum-kaiserstuhl.de. Ausstellungsräume und Büro: Bachenstraße 42, 79241 Ihringen, Tel. 07668-71 08 80 (dort auch Literatur, Karten sowie Broschüren zu den Themenwegen im Kaiserstuhl).

Totenkopf, Rebterrassen und Kirche St. Roman

Am Vogelsang öffnet sich der Kaiserstuhl wie auf dem Präsentierteller.

1 Vogelsang – Tor zum Kaiserstuhl

Die Paßhöhe Vogelsang an der Landstraße zwischen Bötzingen und Oberbergen ist ein Hauptportal zum Kaiserstuhl. Hinter Bötzingen geht es knackig, zuletzt bis zu 13 % steil aufwärts und plötzlich öffnet sich der Kaiserstuhl wie auf dem Präsentierteller: Runde Kuppen, terrassierte Hänge, Dörfer im Tal. Zur Obstblüte, während der Weinlese, bei Freiburger Ausflugsdruck kommt es schon mal zu Parkplatzmangel auf dem schmalen Höhenrücken. „Freiburg kam nur bis zum Vogelsang", könnte man dann unken. Die Einflugschneise über die Bundesstraße 31 und Bötzingen ist sicher kein Königsweg in den Kaiserstuhl, aber ein direkter Zugang, sofern man aus der Stadt oder direkt von der Autobahn kommt.

Außerdem öffnet sich auf dem knapp 400 Meter hohen Vogelsangpaß schon nach wenigen Schritten die Landschaft des zentralen Kaiserstuhls: die Wanderwege halten bequem die Höhe – allen voran der grandiose Querweg *Schwarzwald - Kaiserstuhl - Rhein*. Man bewegt sich hier gleichsam auf dem Kraterrand der Vulkaninsel, mit reichlich Ausblick auf die Weinterrassen im Talkessel, auf die Trockenrasen der Vulkankuppen, auf Rheinebene und Schwarzwaldkamm. Also kein

Aus Vulkanstein wird Steinmehl – Phonolith Steinbruch

sehr ruhiger, aber ein günstiger Ausgangspunkt für Touren mit viel Panorama und wenig Aufwand.

In und um Bötzingen: Die 5.000 Einwohner-Gemeinde am Ostrand des Kaiserstuhls empfiehlt sich als „Tor zum Naturgarten Kaiserstuhl", womit der Transitcharakter schon ausgesprochen wäre. Irgendwie hat man in Bötzingen immer das Gefühl, daß alle noch irgendwohin müssen, zum Bummeln muß hier wirklich niemand aussteigen. Was die Romantikdichte angeht, wäre Bötzingen somit das Gegenteil von Burkheim, wo die Pflastergassen- und Fachwerkidylle so gegenwärtig erscheint wie in Bötzingen das Geschäftige.

So zeigt die schmucklose Bötzinger Ortsdurchfahrt, vom Autoteilezulieferer PEGUFORM (in indischer Hand) bis hoch zu HAURIS Phonolith Steinbrüchen (in heimischer Hand), daß der Burgunder&Flammkuchen-Kaiserstuhl nur ein Teil des Ganzen ist. Auch an der Pforte des Naturgartens Kaiserstuhl schätzen es die Bewohner energieoptimierter Neubauviertel im Geländewagen gen Penny zu fahren und dort einen Syrah aus den neuen Anbauländern zu bunkern, lecker Wein für

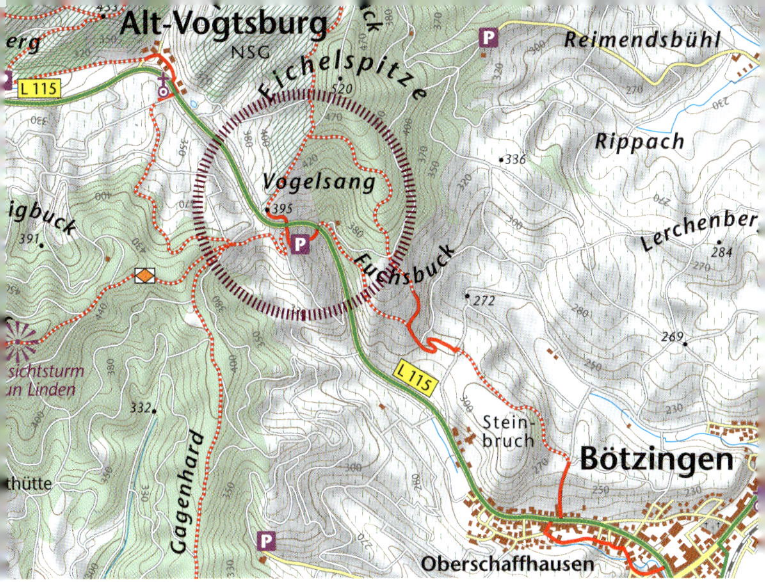

2,98 Euro, mit kräftiger Eichenchipnote. Auf einem der nächsten Heimatfeste kann dann bei aufgetautem Flammkuchen wieder gegen die Globalisierung und das Investorenpack gewettert werden. Aber jetzt sind wir etwas von der Landstraße abgekommen.

Weiter oben ist Bötzingen wieder ganz der alte Kaiserstuhl: die Kehrwoche wird in der langen Ortsdurchfahrt Oberschaffhausens noch praktiziert, rund um die spätgotische St. Alban-Kapelle sieht es nach einer intensiven Dorfverschönerungsmaßnahme aus und ein paar Häuser weiter hat sogar der Hinterhof-Landmaschinenhändler und Dorfschmied überlebt. Gerichtet wird alles, Hauptsache Metall.

Steinmehl und Naturschutz: Wenige Meter nach Bötzingens Ortsteil Oberschaffhausen erscheint rechter Hand ein Steinbruch. Das seltene Vulkangestein *Phonolith* wird hier zu Füll- und Hilfsstoffen für die Pharma- und Bauindustrie, auch für Land- und Forstwirtschaft veredelt; im ökologischen Weinbau wird feinst vermahlenes Gesteinsmehl zur Stärkung der Pflanzen gegen Pilzkrankheiten eingesetzt. Das hilfreiche Gestein

Von ganz oben – Alt Vogtsburg und Vogelsangpaß

hat leider den Nachteil, inmitten von Weinbergen und nahe an Naturschutzzonen zu lagern. So sind die HAURI-Steinbrüche auch ein Symbol für die unterschiedlichen Interessen und Landschaftsschutzansprüche am Kaiserstuhl (vgl. auch Streifzug Nr. 2: *Schambachtal/Meisental*).

Gleich nach den Steinbrüchen beginnt ein für Radler giftiger, aber kurzer Anstieg hoch zum Vogelsangpaß (395 m). Ein Wegweiser am parallel verlaufenden Wanderweg heißt bezeichnenderweise „Mannenschlacht". Der Vogelsang Sattel liegt dann zwischen den beiden höchsten Kaiserstühler Waldkuppen, dem *Totenkopf* (557 m) und der *Eichelspitze* (521 m, Aussichtsturm).

Den Einheimischen ist die Paßhöhe längst kein Halt mehr wert, wer aber zum ersten Mal über den Vogelsang in den inneren Kaiserstuhl kommt, kann anhalten und mit dem Staunen beginnen. Es bietet sich ein aufschlußreicher Blick in den zentralen Kaiserstuhl mit Alt-Vogtsburg, sowie auf die ungewöhnlich runden Trockenrasenkuppen des Naturschutzgebietes *Badberg*. Im Osten die Freiburger Bucht mit einer Schwarzwaldlinie vom Kandel bis zum Hochblauen.

Schmale Pfade, weite Wiesen: am Haselschacher Buck

Ausgangspunkt Vogelsang: Verständlich, daß die Parkplätze längs der Straßenschleife des kleinen Passes zur Wandersaison stets gut gefüllt sind. Mitunter sieht man Wandergruppen wie in einer Ameisenstraße über die runden Kuppen an Badberg und Haselschacher Buck ziehen. Andere lagern im weichen Gras neben den Frühblühern Anemone und Küchenschelle, oder man sitzt schon im Februar auf einem frühlingswarmen Bänkle. Wenn der Naturgarten Kaiserstuhl sonnige Promenaden hat, dann hier am Vogelsang, wo rund ums Jahr lichte Momente locken.

Vom Vogelsang nach Norden: Ein Panoramaweg führt vom Wegweiser Vogelsangpaß (372 m) über den Wegweiser am Blassendobel (446 m) zum Aussichtsturm auf der Eichelspitze (ca. 1 km); danach panoramisch weiter über die Öhmdsmatten und den Haselschacher Buck zum Bahlinger Eck (ab Vogelsang gut 3 km). Manche Partie des sogenannten Dreiländerweges ist so breit ausgetrampelt wie eine Anliegerstraße, blanker Lößboden dank Intensivbewanderung.

Die gute halbe Wegstunde rüber zur Paßhöhe zwischen Schelingen und Bahlingen (Wegweiser Endinger Eck, 430 m) gehört trotzdem zum Kennenlern-Ritual jeder Kaiserstuhlleidenschaft. Man passiert aufs

Frühling am Texaspaß

Gefälligste die weiten Halbtrockenrasen des Naturschutzgebietes am Haselschacher Buck (beste Blütezeit von März bis Ende Mai: Küchenschellen, Anemonen, Orchideen, Info-Tafel am Vogelsang-Parkplatz). Beim Gehen über die runden, exponierten Grasbuckel entsteht bald ein Gefühl der Abgehobenheit. Summe: es gibt wenig Wege im Südwesten, die einen auf wenigen Minuten Fußweg so weit raustragen.

Distanzen ab Wegweiser am Vogelsangpaß: Eichelspitze 1 km, Haselschacher Buck 1,5 km, Bahlinger Eck 2,6 km, Endinger Eck 3,4 km, Katharinenkapelle 4 km, Schelinger Viehweide 6 km, Texaspaß 7,6 km, Mondhalde 9 km.

Eine große Runde Kaiserstuhl: Bei so viel landschaftlicher Attraktion darf es auch mal eine etwas größere Schleife sein: der engmaschig markierte Höhenweg führt weiter übers

Bahlinger Eck hinaus, Höhe haltend über die Schelinger Viehweide bis zur Mondhalde oberhalb von Oberrotweil (vgl. Streifzug 6). Damit wäre, in zwei, drei Stunden, schon mal eine Königsetappe im zentralen Kaiserstuhl absolviert. Landschaftlich heiter, oft am Saum zwischen Reben, Blumenwiesen und Wald, mit großartigem Blick in den inneren Kaiserstuhl und auf den Totenkopf; unterwegs immer wieder Rastplätze in Panoramalage.

Ab Vogelsangpaß (rote Raute auf gelbem Grund): Vogelsang – Bahlinger Eck – Auf dem Eck – Katharinenberg – Mondhalde – Baßgeige – Oberbergen (Einkehr) – Badberg – Vogelsang. Insgesamt (nach Einkehrintensität, Rastneigung etc.) zwischen Halbtages- und Tagestour.

Vom Vogelsang über Neunlinden nach Süden: Vom Vogelsangpaß führt der Neunlindenpfad nach Südwesten in zwei Kilometern zum historischen Aussichtsturm *Neun Linden* (556 m) und weiter zum rundum bewaldeten *Totenkopf* (Sendemast, höchster Punkt des Kaiserstuhls).

Der wuchtig gemauerte Neunlindenturm entstand an der Stelle eines ehemaligen Eremiten-Klosters, das nach der Reformation um 1525 aufgegeben wurde. Heute überragt nur noch die zinnenbewehrte Turmkrone den rundum geschlossenen Laubwald.

Von der Ferne ist der Neulindenturm als Landmarke kaum mehr auszumachen, von oben bleibt aber ein weiter Blick, besonders nach Süden und Südwesten – an klaren Tagen bis in die Burgundische Pforte – und ein ganz anderes, mehr archaisches Gefühl als auf dem neuen, technischen Aussichtsturm auf der Eichelspitze. Auch der eigentliche Höhenweg zeigt auf der Route gen Totenkopf einen anderen Charakter als die heitere Route Richtung Eichelspitze/Mondhalde. Die Strecke Richtung Totenkopf verschwindet schon bald nach dem Vogelsangpaß in dichtem Buchenwald und bleibt über lange Strecken auch dort.

Auch die Fortsetzung vom Totenkopf in Richtung Liliental oder runter nach Bickensohl bzw. über den Gierstein zum Lenzenberg (4 km Einkehr, bis Ihringen 6,5 km) verläuft länger im lichten Laubwald. Also eher etwas für den Hochsommer, zum Laubaustrieb der Buchenwälder Ende April, oder wieder im Herbst zur Färbung.

Touren auf dem Nord-Süd-Höhenweg, Entfernungen ab Wegweiser Vogelsangpaß: Schöne Aussicht 0,5 km, Neunlinden Turm 2 km; von Neunlinden bis Lenzenberg 4 km, bis Ihringen: 6,5 km, bis Bickensohl: 3 km.

Still ruht der Weinberg – beim Kreuzweg im Meisental

Bachaufwärts öffnet sich ein Park der Sinne, die Themen: Obst, Wein und Aussicht.

2 Schambachtal und Meisental – kleine Ziele

Schambachtal und Meisental bei Bötzingen sind eher kleine Ziele, die im Windschatten des Kaiserstuhltourismus liegen. Aber warum nicht mal ins heitere Abseits streben: am Brunnen bei der Bötzinger Kirche geht es von der Hauptstraße ab in die Sieglestraße, zunächst noch eine Wohnstraße ohne besondere Vorkommnisse. Am Ortsrand beim oberen Sieglebrunnen beginnt aber ein überraschender Milieuwechsel. Zunächst der intensiv beackerte Talgang, weiter bachaufwärts öffnet sich nach und nach ein Park der Sinne mit den Themen Obst, Wein und Aussicht. Die wird mit jedem Schritt gen Waldrand imposanter, oben zwischen Fuchsbuck, Endhahlen und Kreuzweg dann eine stille, im Wortsinne bewußtseinserweiternde Landschaft. Ein Mosaik aus Weinbergen, Kleingärten und Charakterbäumen. Altes Kulturland, aber längst nicht so rigide terrassiert und ausgeräumt wie das Plantagenland im zentralen Kaiserstuhl. Oben am Waldrand ist dann Talschluß, aber es fällt kein Vorhang. Im Gegenteil: es wartet eine offene Bühne für Landschaft und Stimmung.

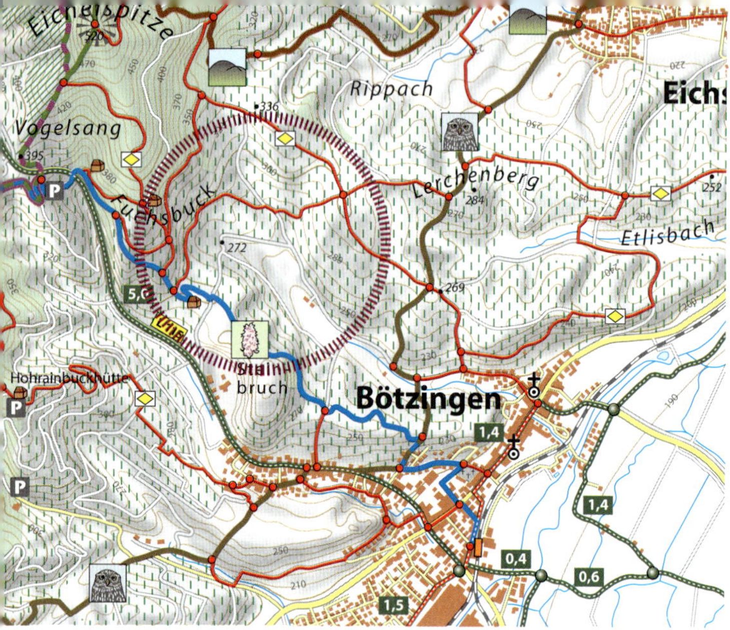

Ins Meisental muß man wollen, hierher kommen keine Zufallsbesucher, allenfalls Weinfreunde. Matthias Höfflins ökologisches Weingut auf dem *Schambachhof* (vgl. dort) wäre ein Grund mehr für einen Abstecher seitentalaufwärts. Der Schambachhof liegt noch im unteren Tal zur linken Hand, nach Lage und Aspekt ein typischer Aussiedlerhof. Er beherbergt zwei Betriebe, die von Brüdern bewirtschaftet werden: ein Bioland-Weingut, sowie einen Bioobst- und Gemüsebetrieb mit Hofladen.

Ein paar hundert Meter weiter talaufwärts wird das Schambachtal dann zum Meisental und damit zur Veranda über der Rheinebene mit großartigem Schwarzwaldpanorama. Spätestens beim *Wegkreuz am Eck* (auf 271 m) beginnt ein Idyll, das selbst im Kaiserstuhl zu den Ausnahmen zählt. Mannigfaltig beackerte Kleinräumigkeit, gut 30 Vogelarten leben hier, zwischen Obstanlagen, Weingärten und dem stillen Waldsaum oben am Fuchsbuck.

Vogelstimmen, Schwarzwaldpanorama – Meisental bei Bötzingen

Eine Stelle in der Rebflur heißt *Kreuzweg* (Wegweiser auf 296 m), die Wege dorthin werden durch solitär stehende Feldbäume betont. Wer so einen einzelnen Feldbaum in den Reben als Landmarke stehen läßt, tut Gutes und redet nicht darüber. Kein Ausflugsrummel, nirgends, aber was für ein Fleck Erde!

Vom Meisental zum Fuchsbuck: Das Meisental steht für die typische Löß-Terrassenkultur der letzten beiden Jahrhunderte. Eine „geradezu chinesisch anmutende Kulturlandschaft“, hieß es früher über diesen markant modellierten Teil des östlichen Kaiserstuhls und bis heute wirkt der abseits gelegene Talgang zwischen Bötzingen und Eichstetten noch besonders.

Ein Mikrokosmos stiller Überraschungen, ein paar Aussichtsbänke am rechten Platz, ein Brunnentrog mit wunderbaren Wildpflaumenbüschen an der Böschung darüber. Eßbare Landschaften – kaum jemand beachtet diese vergessenen Delikatessen. Eine vollreife Zwetschge ist wie ein gutes Argument – die einen schmecken es, andere nicht.

Ob Wildpflaumen, Kriechele oder Zibarten, kein Koch

Ein Landschaftspark bei Bötzingen – das Meisental

macht sich die Mühe, aus einer der über 20 lokalen Wildpflaumensorten eine Obstwaihe oder auch mal ein Halbgefrorenes zu bereiten. Stattdessen Passionsfruchtsorbet und Physalislaternchen.

Ruheplatz am Fuchsbuck: Ein geteertes Rebsträßle führt über das Wein- und Obstgut *Schambachhof* bergaufwärts in Richtung Fuchsbuck. Die Sicht auf die Freiburger Bucht im Osten und der Blick auf Reb- und Obstgärten sorgt auch hier für ein gefälliges Gesamtbild. Gleichgültig, ob man einen Nachmittag durch die Reben zieht, oder einfach oben am Waldsaum beim Fuchsbuck einen Ruheplatz sucht, der Ausgangspunkt Meisental garantiert einen intimen Zugang zum Kaiserstuhl – ein Hintertürchen zum Genuß.

Zudem erfreut die Terrassenlandschaft gerade im Nordosten zwischen *Bötzingen* und *Bahlingen* noch mit einer gärtnerischen Kleinräumigkeit. Manchmal stehen nur fünf oder zehn Rebzeilen auf einer Terrasse, Rebhütten sorgen für Akzente, ständig wechselt der Landschaftseindruck. Im inneren und westlichen Kaiserstuhl ist durch die rigorose

Flurbereinigung das Mosaik der Kleinterrassen weitgehend verschwunden. Anders zwischen Bötzingen, Eichstetten und Bahlingen, wo sich die einst kleinbäuerliche Struktur noch in der Landschaft spiegelt.

Phonolith oder ein Loch im Weinberg – Auch vom oberen Bötzinger Ortsteil Oberschaffhausen führt ein Abzweig rüber ins Meisental (bei der St. Albanskapelle). Am Ortsrand beginnt eine imposante Partie durch hauswandhohe Hohlwege, der Dreiländer-Wanderweg hoch zum Vogelsangpaß kreuzt, danach in Richtung Meisental beginnt üppiges Gartenland.

Auch unterirdisch birgt das obere Tal einen Schatz. Im Gewann „Endhalen", dort, wo sonst vorzugsweise Vögel und Rebleute verkehren, liegt eines der wenigen Phonolithvorkommen im Südwesten; am Kaiserstuhl kommt das vulkanische Gestein sonst nur noch in einem Naturschutzgebiet in Niederrotweil vor. Und weil vorne im großen HAURI-Steinbruch an der Landstraße 115 die Phonolith-Reserven langsam zur Neige gehen, wäre der neue Steinbruch einerseits zwar mitten im Weinberg, andererseits aber existenzsichernd für das bestehende Mahlwerk – somit ein klassischer Interessenkonflikt zwischen Naturschutz und Unternehmensschutz.

Weil Phonolith, zum Gesteinsmehl veredelt, vom Dünger bis zum Füllstoff für die Pharmaindustrie viele hilfreiche Funktionen übernehmen kann, gab es um das mögliche Loch im Weinberg schon einige Konflikte. Ein Probeabbau auf einem handballfeldgroßen Areal verlief positiv, es gibt jedoch Anliegereinwände. Erschließung und Nutzung sind nach wie vor in einer Planungsphase. Realisten unter den Einsprechenden wissen aber, daß der Phonolith-Tagebau auch im Meisental (nur) eine Frage der Zeit sein kann. „Eine bessere Baugrube", sagte Juniorchef *Hauri* einmal besänftigend zum Abbau im Meisental. „Wohin soll ich die Leute schicken, die fragen, wo mein Wein wächst", fragt mich ein Winzer. „Hoch zum Steinbruch?"

Matthias Höfflin, Schambachhof Bötzingen

WEINGUT HÖFFLIN – Bötzingen. Auf dem Fenstersims vor dem Büro schaut manchmal ein Buntspecht vorbei, auf dem Dach des Flaschenlagers wächst struppig Gras. Alles, wie es sich gehört für ein Bioland-Weingut, das sich jüngst auch noch vegan zertifizieren ließ. Von spinnerter Ökotümelei hält Matthias Höfflin dennoch wenig. Schließlich wollen über 10 Hektar Fläche bearbeitet und vermarktet sein, das geht nicht per Gebet und sauberen Wein bekommen andere schließlich auch hin. Also klares Nischenprofil, wozu auch mal Mut zum aromatischen Freistil gehört, der sich besonders in Höfflins Leidenschaft für Spontanvergärung manifestiert. Derzeit praktiziert bei allen Rotweinen und bei etwa drei Viertel der Weißweine, nicht jedoch beim einfachen Müller-Thurgau. Der Most wird dabei nicht mit Hilfe jener modernen, hochpotenten Reinzuchthefen vergoren, die heute für einen immer bunteren, mitunter auch penetranten Strauß an Frucht(bonbon)-Aromen sorgen. Spontanvergärung setzt vielmehr auf die natürlichen, in jedem Weinberg vorhanden

Ein Sommertraum – knackig-kühler Spätburgunder

Hefestämme. Eigentlich ein Traditionsverfahren, früher gab es nun mal keine Laborhefen. Mittlerweile aber eine Methode, an der sich ideologische Grabenkämpfe der Weingelehrten entzünden. Eigentlich geht es dabei um die kaum endgültig lösbare Frage, wieviel Design, wieviel Getränketechnologie welchem Wein guttut.

Abseits solcher Grabenkämpfe läßt sich über Höfflins jüngste Jahrgänge nur schreiben: Spontanvergärung kann hervorragend schmecken, wie die Klassische Moderne, klar strukturiert, ohne aromatische Schleifchen, manchmal wie eines dieser schlichten Landhäuser, das man von früher kennt. Höfflins im Stahltank vergorener Spätburgunder 10° gehört auch dazu, ein eher leichter Roter, den man je nach Laune und Jahreszeit von kalt über kellerkühl bis temperiert trinken kann. Dunkelbeerig, rustikal gradraus, ein Ganzjahresrotwein, der das Zeug zum modernen Klassiker hat. Ein Lebensmittel, das zu allem paßt.

Höfflins Credo, „der Schambachhof steht für einen tatsäch-

Es ist soweit – Lesebeginn bei Bötzingen

lich trockenen und fruchtbetonten Wein," scheint mit seiner neuen Leidenschaft für Spontanvergärung gut zu harmonieren. Wenn es gut läuft, schmeckt auch Eigensinn.

Animierend statt schwer. Am nordöstlichen Kaiserstuhl, wo die Lößschicht über dem Urgestein besonders dick ist, gibt es keine wärmespeichernde Vulkanverwitterungsböden wie an der Südwestkante, also führen die natürlichen Weichen ohnehin in Richtung Eleganz und Frucht. Alkoholbetonte Brummer, die berühmt-berüchtigte „Kaiserstühler Glut", überläßt Höfflin lieber anderen.

Erfrischend und unkompliziert,
bei voll ausdefinierter Aromatik

Natürlich wachsen auch auf dem Schambachhof in Ausnahmejahren schier rezeptpflichtige Burgunder jenseits der 13%-Alkoholschwelle, aber typisch sind solche Weine für Höfflins Weingut nicht. Sie würden auch nicht zu einem

Je höher, je leichter die Böden – Lößterrassen bei Bötzingen

Winzer passen, der auf erfrischend unkomplizierte Weise einen Weinstil vertritt, der sonst nicht so weit verbreitet ist am Kaiserstuhl. Weißburgunder und Grauburgunder, die bei voll ausdefinierter Aromatik nur um die 12 % Alkohol auf die Waage bringen, muß man anderswo lange suchen am Kaiserstuhl. Gleiches gilt für Aromasorten wie Müller-Thurgau, Muskateller und Auxerroix, die schon mit 11,5 % erwachsen daherkommen. Und immer schmeckt es nach Sorte, Jahr und Boden, nicht nach Trend und vermeintlichem Weltweingeschmack. Das Eigene betonen, nicht einer Mode hinterherwinzern, könnte ein Motto von Matthias Höfflin sein.

Weißburgunder in der Höh',
Grauburgunder im Tal

Höfflins Weißburgunder wachsen weit oben im Meisental, wo die Lößböden leichter sind und einen höheren Kalkgehalt haben als in den tiefen Lagen, was zum filigranen Charakter der weißen Burgunder paßt. Weiter unten im Tal, wo sich der

Löß in Richtung Lehm gewandelt hat, stehen die kräftigeren Sorten: Grauburgunder, Chardonnay, Spätburgunder. Kaiserstuhltypisch haben die Rotweine mit 40 % einen hohen Anteil am Sortiment. Seine höherwertigen Spätburgunder baut Höfflin auch in Barriques aus, von vielen Roten gibt es auch Magnumfüllungen. Aber nochmal: der Schambachhof steht nicht für holzlastige Altherrenweine, sondern für einen animierenden Weinstil, bei dem mangelnde Substanz nicht mit hohen Alkoholwerten oder verstecktem Restzukker kaschiert wird. Ein gefälliges Abrunden der Weine mit unvergorenem Traubenmost – im deutschen Weinbau wie im Kaiserstuhl verbreitete Praxis – ist für Höfflin kein Thema: „Wir haben noch nie Süßreserve im Keller gehabt." Also gibt es auch keine dieser angeblich „trockenen Weine", die eine kaschierende Mitgift von fünf oder sechs Gramm Restzucker mitbekommen haben.

Fazit: In der Summe eines der wenigen Privatweingüter mit einem beachtlichen Angebot an voll durchgegorenen, säurefrischen Weinen, darunter auch einzelne, die vergleichsweise leicht sind. Im Sortiment auch knackiger Sekt, darunter eine Hofcuvée „ultrabrut" (ohne Dosage). Wer also saubere Begleiter für alle Lebenslagen sucht, wird an den Weinen vom Schambachhof seine Freude haben. Hochfahren und auftanken, im Schambachhof und drumrum.

Weingut Matthias Höfflin, Schambachhof, 79268 Bötzingen, Tel. 07663-1474, Fax 07663-14 61, www.schambachhof.de.

Obst & Gemüse vom Schambachhof. Höfflins Bruder Diethmar betreibt den Bio-Obst- und Gemüseanbau-Betrieb des Schambachhofes. Neben dem Standardsortiment werden auch lokale und seltene Gemüsesorten kultiviert und auf Markttauglichkeit geprüft, etwa Kaiserröschen und die Zichoriensorte Mönchsbart (unter dem Regionalnamen ‚Vulkanspargel'); im Sortiment auch Apfelsaft und Apfelessig, Eier, Honig, eigenes Sauerkraut (im Winterhalbjahr) und frisches Brot (freitags). Tel. 07663 - 91 29 574, Hofverkauf dienstags und freitags im gut sortierten Laden (mit Käsetheke) von 16.00 bis 19.00 Uhr. Marktstand in FR-Littenweiler, samstags von 8.00 bis 13.00 Uhr, www.schambachhof.de.

Ökoweine und Brägele – Löwenstrauße in Bötzingen

Weingut (Ecovin) und Löwen-Straußе Schaffner – Bötzingen: Fachwerk-gemütliche Schänke mit einem solid geerdeten Gastraum, der gestandener wirkt als die mitunter provisorisch möblierten Straußen. Die Löwenstrauße ist bekannt für gute Brägele, Flamm- und Zwiebelkuchen, auch Vesper; die Ökoweine liegen eher im rund-süffigen als im kantigen Stil. Straußenwirtschaft offen jeweils acht Wochen im Frühjahr und wieder im Herbst. 79268 Bötzingen, an der Hauptstraße 82, Tel. 07663-4417, aktuelle Zeiten: www.weingut-schaffner.de.

Einraumwohnung im Liliental

350 Baumarten, 20 Orchideensorten, ein Gasthaus

3 Wald im Liliental, Frucht in Wasenweiler

Ein Drittel Park, ein Drittel Sommerfrische und ein Drittel botanisches Raritätenkabinett. Das Liliental gehört zu den bekannten naturkundlichen Zielen im Kaiserstuhl. Für manche Kaiserstuhlfreunde ist der alljährliche Besuch zur Orchideenblüte (beste Zeit von Mitte April bis Ende Juni) ein Ritual. Immerhin sind im Liliental nicht weniger als 20 der insgesamt 60 europäischen Orchideenarten zu besichtigen, und zwar ungewöhnlich bequem: von angelegten und naturkundlich kommentierten Wegen erschlossen. So führt der 21,5 km lange Themenweg „Knabenkrautpfad" mitten durch das Lilienhof-Areal. Es gibt aber auch Leute, die ohne Programm herkommen, im Wirtsgarten der Lilie eine Halbe kippen, danach unter weiten Baumkronen wandeln und den Tag einfach so rollen lassen.

Neben dem Staatsweingut auf dem Blankenhornsberg gehörte die Domäne Liliental einst zu den wenigen großen Landwirtschaftsbetrieben am Kaiserstuhl. Das Hofgut kam bereits 1805 in Staatsbesitz, wechselte danach aber noch

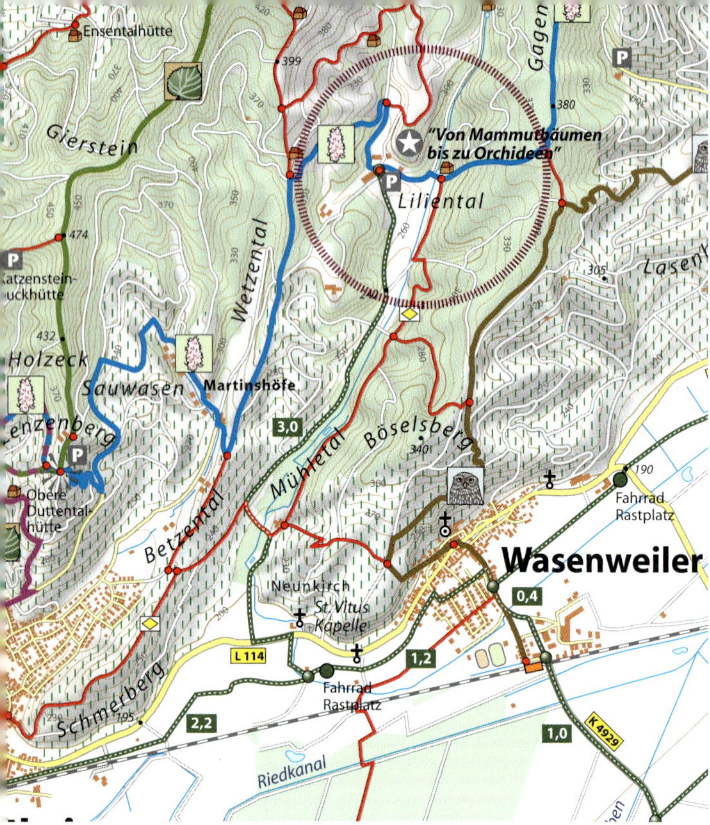

mehrmals Besitzer und Nutzung. Zu den zwischenzeitlich privaten Eigentümern zählte im 19. Jahrhundert ein Vetter des Kanzlers Bismarck, danach ein Herr von Wogau. Der verkaufte das Landgut wiederum an eine Familie aus dem Hause Henkel-Persil. Bewirtschaftet wurden Wald, Feld und Reben. Zur Blütezeit der Badischen Tabakmanufakturen gegen Ende des 19. Jahrhunderts konnten in acht Trockenschuppen im Liliental 1000 Zentner Tabak getrocknet werden; allein in Endingen gab es damals noch fünf Zigarrenfabriken.

Von 1957 an begann dann das Land Baden-Württemberg Teile der ehemaligen Staatsdomäne wieder zurückzukaufen.

Auch im Liliental zu Hause – Helm Knabenkraut

1965 wurde mit der Anlage eines zunächst 25 Hektar großen Waldparks begonnen, der im Laufe der Jahre weiter vergrößert wurde. Mittlerweile wachsen über 350 Baumarten und Varietäten auf dem weitläufigen Gelände. Im Jahr 2014 wurde die Parkplatzsituation und das Gasthaus Lilie saniert.

Das ehemalige **Hofgut** aus dem Besitz des Grafen August Wilhelm von Bismarck kann heute für Tagungen, Empfänge und Familienfeiern gemietet werden. Repräsentative Räumlichkeiten mit Saal, Remise und Innenhof, die Bewirtung erfolgt durch externe Partner. Info: www.hofgut-lilienhof.de

Eine von 350 Arten im Liliental – Fagus sylvatica

350 Baumarten, 20 Orchideen, ein Gasthaus

Heute ist das Liliental nicht nur Ausflugsziel, das Anwesen dient auch als Versuchsgut der staatlichen Forstverwaltung mit angeschlossenem Waldpark (Arboretum) und botanischer Raritätensammlung, darunter Wildobstgehölze und Orchideenwiesen. Auf der insgesamt 250 Hektar großen Fläche, die größtenteils nur extensiv (d.h. wenig intensiv) bewirtschaftet wird, ist somit ein Querschnitt der naturwüchsigen Kaiserstühler Flora zu sehen, außerdem einige Exoten und Kulturformen. Die Anlage wird in einer Schwebe zwischen natürlichem Wuchs und notwendiger Pflege erhalten. So werden bestimmt Wiesenstücke nach einem Pflegeplan erst dann gemäht, wenn die Orchideen verblüht und deren Samen ausgereift sind.

Abseits der Hauptwege wartet eine natürlich verträumte Stimmung, keine streng frisierte Parkanlage. Zu sehen sind neben den Baumsolitären und Waldgesellschaften auch seltene Pflanzengruppen in ihrer natürlichen Umgebung – somit

2014 umfassend saniert: Gasthaus Lilie (vor der Renovierung)

ein Eldorado für naturkundlich Interessierte. Lehrtafeln am Ausgangspunkt sowie an den Wegen (zwischen 30 min und mehreren Stunden) erschließen das weitläufige Terrain, so daß weitere Erklärungen entbehrlich sind. Der größte Zulauf herrscht während der Orchideenblüte, die je nach Witterung ab Ende April, oder auch etwas früher beginnt. Einige Pflanzenarten, die hier an ihren natürlichen Standorten zu sehen sind:

Kaiserstuhl-Anemone, Große Anemone [Anemone sylvestris]
Küchenschelle [Pulsatilla vulgaris]
Weißes Waldvögelein [Cephalanthera damasonium]
Waldhyazinthe [Platanthera bifolia]
Diverse Knabenkrautarten [Orchis]

Obwohl gerade an Wochenenden einiger Betrieb herrscht, wird es schon ein, zwei Kilometer abseits der Gaststätte Lilie erstaunlich ruhig. Insofern sollte man sich vom Ausflugsbetrieb nicht schrecken lassen. Bislang war die Anmutung der Gaststätte optisch und kulinarisch sehr einfach; im Jahr 2014

Allein gelassen – Rebhütte im Mühletal

wird das Gebäude komplett saniert, vielleicht erfüllt sich nach der anstehenden Neuverpachtung der Traum von einer qualitätvoll geführten Wandereinkehr – der Kaiserstuhl könnte so was wohl gebrauchen.

Gartenland im Mühletal: Im Grunde beginnt das Liliental nicht erst bei der Lilie, sondern schon weiter unten im Mühletal: also gleich nach der Abzweigung der drei Kilometer langen Stichstraße von der L 114 Ihringen–Wasenweiler. Linker Hand der Zufahrtsstraße, in Richtung der Aussichtspunkte und Wanderwegkreuze *Vordere Eck* (235 m) und *Hintere Eck* (240 m), konnte sich eine kleinteilige Reblandschaft halten. Statt großer Terrassen ein Mosaik gartengroßer Rebstücke, die an den Zustand vor den großen Flurbereinigungswellen erinnern.

Bei aller Kritik am großen Geschiebe, das dem Kaiserstuhl teils monströse Großterrassen bescherte, darf man eines nicht vergessen: Die Flurbereinigung reduziert den Arbeitsaufwand in Steillagen um bis zu 75%. Daß dies auch ohne eine so exzessive Terrassierung wie in den 70er Jahren geht, ist längst klar – auch die jüngste, erst 2014 abgeschlossene Rebumlegung am Ihringer Schlichten zeigt das (vgl. auch Streifzug 4: Ihringer Landlust).

Wie ertragskritisch der Nebenerwerbsweinbau heute ist, wird allein schon am klapprigen Zustand mancher Rebhütte deutlich. Längst haben die pittoresken Hütten als Schutz-, Vesper- und Lagerplatz nur noch nostalgische Bedeutung. Heute kommt der osteuropäische Rebarbeiter mit Auto oder Schlepper vom Hof aufs Feld und bei Gewitter braucht niemand einen Unterstand draußen in den Reben. Trotzdem ist es schön anzusehen, wenn statt noch so einem Carport auch mal eine Rebhütte revitalisiert wird.

Wanderparkplatz beim Gasthaus Lilie: dort ausführliche Infotafeln zu den Rundwegen und botanischen Sehenswürdigkeiten im Lilienthal. Schöner Wanderweg über das Welzental und Betzental nach Ihringen (vgl. unten). Auf halbem Weg in der Talsiedlung Martinshöfe eine gleichnamige Straußenwirtschaft. Entfernungen: zum Neunlindenturm 2,5 km, zum Vogelsangpaß 3,5 km.

Die reizvollen Reblagen westlich vom Mühletal können bereits von der Zufahrtstraße zur Lilie aus erwandert werden, oder vom Wanderparkplatz im Betzental (an der Zufahrt Ihringen - Martinshof Strauße, Wanderwegkreuz: Stalleck Gasse, 268 m). Zwischen Betzental, Mühletal und Liliental gibt es schöne, einsame Rastflächen an den betagten Rebhütten zwischen Lößterrassen.

Das Gelände wird auch auf dem erwähnten Knabenkraut Themenweg, oder auch per Rundweg erreicht, der weiter oben bei der Lilie beginnt und über das Wetzental und Betzental nach Ihringen und wieder zurück zur Lilie führt (zusammen etwa zwei Stunden; im Betzental bei den Martinshöfen eine Straußenwirtschaft). Am Weg fällt ein herrschaftlich gelegenes, etwas pompös renoviertes Anwesen gleich südwestlich vom Liliental auf: eine großräumig eingezäunte Liegenschaft mit Reben, eigener Schmalspurbahn und Teich. Es handelt sich um das private Landgut eines Unternehmers aus der Baustoffbranche.

LILIE – im Liliental. Sanierte Ausflugsgaststätte auf einer Waldlichtung direkt beim Versuchsgut und Waldpark Liliental. ♣ Große Freiterrasse. Neuverpachtung und Wiedereröffnung steht bevor.

Enge Ortsdurchfahrt – zu schmal für die Warenströme von heute

Sonne, Hofladen & Lambada

Nachdem die unvollendete B 31 West bei Gottenheim plötzlich endet, bekommen Wasenweiler und Ihringen mindestens die halbe Dröhnung des Kaiserstuhl-Durchgangsverkehrs ab; die andere Ladung geht Richtung Bötzingen und Oberbergen. Die langen, engen kaiserstühler Ortsdurchfahrten, einst für ein paar Fuhrwerke und Trecker gedacht, werden zur Schikane, für Fahrer und Anwohner. Auch Wasenweilers Hauptstraße wird spätestens um den Dorfbrunnen zum Nadelöhr.

Eine Bundesstraßen-Brücke endet im Nichts, aber der Verkehr sucht sich Wege, irgendwie, irgendwo. Man kann nur wünschen, daß der Bypass bald geschlossen wird, Gemeinden wie Wasenweiler mit Straßen von damals sind einfach zu schwach für die Warenströme von heute. So animiert die verkehrsreiche Ortsdurchfahrt von Ihringen-Wasenweiler nicht unbedingt zur beschaulichen Etappe. Trotz allem: mit dem ländlichen Innenhof der Sonne und dem reich sortierten Hofladen Rudmann gäbe es zwei lohnende Haltestellen.

Mitten in Wasenweiler – Sonne strahlt, Verkehr fließt

SONNE – Wasenweiler. Ein Dorfgasthaus für alle Fälle, Stube rechts, renoviertes Abteil links, der gesellige Innenhof dahinter. Familiäre Atmosphäre und Lokalkolorit geben sich die Hand, engagierter Chef, Bedienung mit Herz. Man kommt nach Feierabend und zur Familienfeier. Die Karte verspricht einen kunterbunten Reigen vom sogenannten „Ländlichen Vesperschmaus“ über Sonnentoast und Putenbrust bis Sauerbraten; das Schäufele wird wie zu Wirtschaftswunderzeiten mit „Salaten umlegt“. Gemischtes Versperangebot „Vu jedem ebbis“ als badische Antipasti-Variante. Volksnahe Stimmung und populäre, preiswerte Gerichte zählen hier mehr als kulinarischer Purismus. Jeden Werktag wird ein preiswertes und frisch gekochtes Tagesessen in der Klasse „Gulasch mit breiten Nudeln“ serviert und goutiert – ein Mehrzweckgasthaus.

Sonne (Fam. Ambs), 79241 Wasenweiler, Hauptstraße 21 (Ortsmitte), Tel. 07668-229, www.sonne-wasenweiler.de. 13 preiswerte Gästezimmer. ♣ Große, teils überdachte Freiterrasse im Hof hinter dem Gasthaus. RT: Mo. Preise: günstig.

Sortenvielfalt aus erster Hand – Kilian Rudmann, Wasenweiler

Hofladen und Brennerei Rudmann: Hofläden gibt es einige im Kaiserstuhl; Rudmanns Hofladen ist aber besonders, obwohl seine Lage am Ortsausgang, Richtung Ihringen, zunächst gewöhnlich scheint. Beim Blick auf das Obst- und Gemüsesortiment wird klar, daß hier Agrarfachleute – neben manch' Nettem in Gläsle und Fläschle – auch eine bemerkenswert breite Sortenauswahl bieten. Kilian Rudmann ist Obstbautechniker, aber nicht nur, er liebt die Sortenvielfalt und das Anbauexperiment, wovon allein schon die wunderbare Tomatenauswahl im Hofladen zeugt. Also gibt es hier keine endlagerfähigen „Longlife"-Tomaten mit glänzend-harter Pelle, sondern Berner Rosen, butterzarte Ochsenherzen, kernarme Flaschentomaten, Kirschtomaten, dunkelblaurote Krimtomaten (um nur einige Varietäten aus dem Sortiment zu nennen).

Auch die Obstvielfalt ist bemerkenswert: Birnen vom Klassiker Conference bis zu fast vergessenen Delikatessen wie der braun berosteten Bosc's Flaschenbirne. Kultiviert werden immerhin 13 Apfel- und 11 Birnensorten; drei mal die Woche

Volle Hütte – Erdbeerstand Wochner, bei Wasenweiler

gibt es eigenes Holzofenbrot. Einfach schön zu sehen und zu schmecken, was das Land so alles hergibt.

Hofladen Rudmann, Hauptstraße 67, 79241 Wasenweiler. Tel. 07668-950480 (wochentags ab 10 Uhr bis abends geöffnet).

Erdbeerstand Wochner: An der Kreisstraße zwischen Wasenweiler und Merdingen steht während der Haupt-Erdbeersaison (ca. Mitte April bis Mitte Juni) ein Verkaufsstand, der auch einen mittleren Umweg lohnt. Die Wochners kultivieren hier Erdbeeren professionell im größeren Stil, die Ernte wird tagesfrisch direkt ab Feld angeboten (auch zum Selberpflücken), oft steht die Chefin selbst im Verkaufskiosk. Kultiviert werden zwar keine alten Landsorten wie die legendäre Mieze Schindler, immerhin aber die bewährte, aromatische *Lambada* sowie die etwas festere und somit besser haltbare *Clery*, dazu Nebenprodukte wie Fruchtaufstrich, Erdbeerlikör etc. Frische und Geschmack der Wochner-Erdbeeren sind bekannt in der Region, manche Kunden holen ihre Früchte, auch zum Einmachen, direkt vom Feld ab. Kioskverkauf während der üblichen Ladenzeiten.

Ihringer Genremalerei

Die Hofeinfahrten sind heuwagenbreit, ein Landmaschinen-mechaniker praktiziert in der Ortsmitte, zur Weinlese stehen neue Herbsteimer auf dem Gehweg.

4 Ihringer Landlust

Sechshundert Hektar Reben, inklusive der Renommierlage *Winklerberg,* gehören zur Gemarkung von Ihringen. Wie ein gutes Steak ist Ihringen marmoriert, vom Weinbau. Rebkultur im Vollerwerb unterhält 50 Familien, Weinbau als Nebenerwerb oder aus purer Leidenschaft wirkt bis in die Geschäftsauslagen in der Hauptstraße. Man bekommt in Ihringen-City alles für ein Leben auf der Scholle. Arbeitshandschuhe, Rebscheren und Safttrotten werden im Schaufenster präsentiert, zur Weinlese stehen die 16-Liter-Herbsteimer draußen auf dem Gehweg. Schmalspurschlepper werden mit dem Selbstbewußtsein des freien Landmannes durch die Ortsdurchfahrt manövriert. Ihringer Landlust klingt nach Diesel. Man hört es und man riecht es.

Und man sieht es: Die alten Hofeinfahrten sind wagenbreit, ein Landmaschinenmechaniker praktiziert noch in der Ortsmitte – es gibt Motorsensen statt Modeschmuck. Eine Straße weiter ist der generationsbedingte Motivationswechsel als denkwürdiger Fassaden-Sinnspruch verewigt: „Einer macht‘s/der andere acht‘s/der Dritte verlacht‘s/was macht‘s.“ Ma-

Weinlese in Ihringen – Herbsteimer in der Bachenstraße 28

chen, achten, verlachen – konzentrierter lassen sich auch die Risiken der Erbfolge kaum beschreiben.

Das alt eingesessene Haushalts- und Eisenwarengeschäft Wörne liegt nicht irgendwo auf der grünen Wiese, sondern mitten im Ort, in der Bachenstraße 28. Schräg gegenüber vom VDP-Weingut Heger und wenn es mal schleift, geht einer aus dem Keller heute wie damals rüber zum Wörne. Unterlegscheiben, Schrauben und Ersatzklingen für Rebscheren gibt es dort offen und einzeln zu kaufen.

Parterre Porzellan und Haushaltsartikel, unter manch' anderem auch ein breites Sortiment an geknüpften Türvorhängen. Ein Stock tiefer die in Jahrzehnten gewachsene Auswahl an Eisenwaren, Werkzeug und Beschlägen. Allein das Sortiment an Feldhacken und Kehrbesen ist beeindruckend. Solche Spaten kauft man nur einmal.

Reisstrohbesen werden hier in solider Friedensqualität mit sechs Nähten angeboten. Wobei meine Frage, ob die Besen mittlerweile auch aus China kommen, mit einem milden Lächeln korrigiert wird: „China? Bangladesh!" Globalisierung

Der Türvorhang ist ein Bewegungsmelder, aber was für einer

ist überall. Gleich ob Fernostbesen oder Schweizer Felco-Rebschere, bei Wörne gibt es fast alles, was man von einer Ihringer Ferreteria erwarten kann. Wie die ländlichen Raiffeisenfilialen eine Fundgrube für jenen Teil der Generation Manufactum, der es ernst meint mit der Handarbeit.

Noch ein Gedanke zum Türvorhang, der zum Inventar des sommerlichen Landlebens gehört. Kaiserstühler Sommer sind heiß und lang und was paßt besser zu einem unbeschwerten Sommer als so ein Türvorhang. Er läßt die Grenze zwischen Drinnen und Draußen so heiter verschwimmen. Monate lang kein Schloß und kein Riegel und schon gar keine Türkamera, sondern ein Rascheln und Klimpern und ein leise Ahnung, wer da kommen könnte. Ein offenes Haus, offene Tage, Perlen im warmen Sommerwind. Und am Abend ein Tablett mit ein paar Gläsern und einer Flasche Weißwein, die beschlägt, solange die Schnüre noch auspendeln. Ein Türvorhang ist ein Bewegungsmelder, aber was für einer.

„Man könnte Ihringen einen Marktflecken nennen" – die Notiz des freiburger Geographen Friedrich Metz liegt zwar

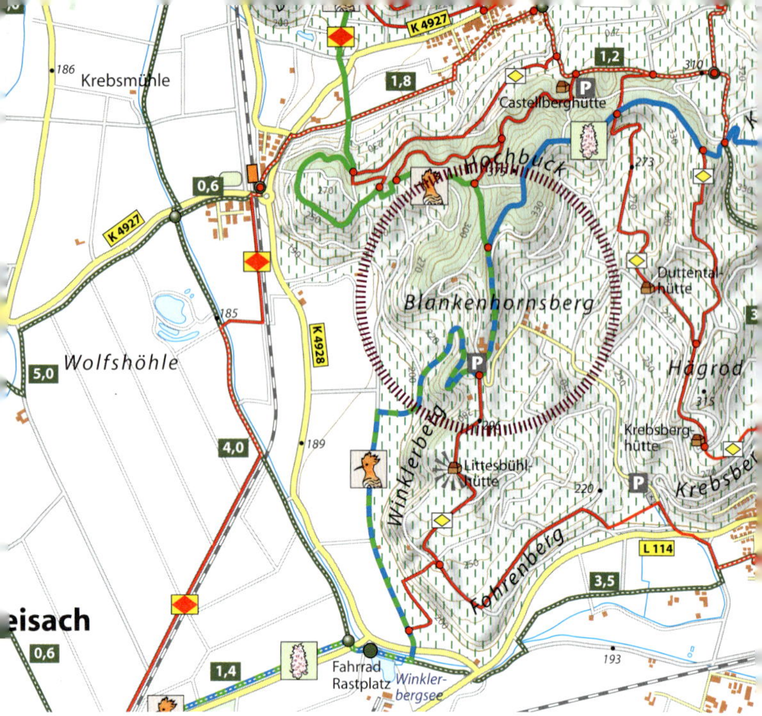

gut 50 Jahre zurück, ein Marktflecken ist Ihringen aber noch immer. Neben Endingen der Flecken am Kaiserstuhl mit der vitalsten Landstädle-Stimmung.

Andererseits ist Ihringen natürlich mehr als eine Winzeridylle. Der lebhaft fließende, auch mal stockende Verkehr in der engen Ortsdurchfahrt zeigt, daß Ihringen eine zentrale Funktion am südwestlichen Kaiserstuhl hat. Auch der Jahr für Jahr zunehmende Transitverkehr nach Breisach und Frankreich fällt auf, ebenso die vitale Gastronomie mitten im Ort: das zentrale *Holzöfele*, mit der dazugehörenden Imbißtheke *Lädele* gleich gegenüber, Birmeles belebt-beliebter Abendtreff *Zum Küfer,* wo die Senior-Wirtsleute vom Holzöfele derzeit einen späten gastronomischen Frühling erleben. Die aufwändig sanierte *Winzerstube* punktet mit modernen Gästezimmern und *Bräutigams Weinstube* soll neuerdings eine zweite Luft

bekommen haben, heißt es am Ort. Jedenfalls gilt auch in Ihringen der erste lokalpolitische Grundsatz: wo Weingläser auf dem Tisch stehen, werden keine Bürgersteige hochgeklappt.

Zum Gesamtpaket Ihringen gehört freilich auch die panzerzerbrechende Anmutung der Lokalbank. Sparkassen und Volksbanken stehen diesbezüglich ja in scharfem Wettbewerb, den die Volksbank Ihringen dank beherztem Einsatz von Sichtbeton klar für sich entscheiden konnte. Man hofft bei solcher Architektur, daß die Einlagen ebenso sicher sind wie der Stahlbeton der Fassade.

Ansonsten gilt: einfach mal über die Bachenstraße promenieren, auf der Terrasse vom Holzöfele rasten, einen Sommernachmittag im geschützten Innenhof oder umgeben vom

Farblich elegant gelöst – Fassade in Ihringen

altem Werkstattcharme beim Küfer verhocken, bei besagtem Eisenwaren Wörne endlich einen gescheiten Hofbesen kaufen. Denn glücklich ist, wer heute einen Hofbesen braucht. Vielleicht im *Weingut Heger* gegenüber Vorräte auffrischen. Oder den Schmalspurschleppern auf den schmalen Hintern schauen, wie sie an der Kreuzung zur Eisenbahnstraße fast rechtwinklig um's Eck schwenken.

Am ruhigen, lindenschattigen Kirchplatz, auch oben in der Kirchstraße ist Ihringen noch ganz bei sich. Es gibt eine Mangelstube und die Landmetzgerei *Hohwieler*, die aussieht wie eine Landmetzgerei aussieht: Klinkerfassade, im eloxierten Türrahmen hängt ein Plakat vom Jahreskonzert des Musikvereins; Hohwielers Blut- und Leberwürste werden sogar zwei Kirchtürme weiter noch gelobt. Wenig später dann das Haus der Landjugend, die hier auch noch Landjugend heißt und mit frischem Grün an taubenblauer Fensterlaibung elegante Akzente setzt.

Die älteren Ackerbürger Ihringens sind oft noch mit einem zusammengebastelten Einachs-Anhänger unterwegs, auf

Neuland hinterm Kirchturm – am Schlichten in Ihringen

dem haben Mulchmäher, Motorsense oder die Rückenspritze Platz. Die Jüngeren haben ihre modernen Anbaugeräte direkt an der Schlepperhydraulik hängen. Landmaschinen, Schaufenster, Gärten, Weinberge – wer genauer hinsieht, erlebt die Landgemeinde als Galerie mit allerlei Objekten, die zu deuten sind. Ihringen macht da keine Ausnahme, präsentiert wird eine Dauerausstellung mit thematischen Schwerpunkten.

Neue Ordnung im Weinberg: Vom Ihringer Kirchplatz führen die Brunnenstraße oder auch die Kirchstraße in Richtung der Weinberge im Gewann Schlichten. Dort wurde in Rahmen einer der jüngsten und größten Flurneuordnungen von 2014 die mächtigen Lößterrassen umgelegt und maschinengängig planiert. Zuschnitt und Lage von 300 Kleingrundstücken sind nun optimiert, die Zufahrtswege verbessert. Nötig waren gewaltige Erdbewegungen, kofinanziert aus diversen nationalen Töpfen und dem Europäischen Entwicklungsfonds für den ländlichen Raum.

Vor der Umlegung drohte der Schlichten wegen der unwirtschaftlichen Lage der Kleinparzellen zu verbuschen, ein Vier-

Zwischen Ihringen und Himmelburg – Rebumlegung am Schlichten

tel der Fläche war bereits unbearbeitet. Die lokalen Instanzen feiern solches Bergeversetzen als Zukunftsertüchtigung. Ein paar Dörfer weiter sagt mir ein Winzer zu den Kosten: „Für den geforderten Eigenanteil könnte ich anderswo gleich neue Reben kaufen."

Natürlich sind die alten, oft nur ein paar Ar großen Miniparzellen längst nicht mehr wirtschaftlich zu betreiben, andererseits gilt nach wie vor und mehr denn je: immer wenn sich die öffentliche Hand um die Zukunft der Landwirtschaft kümmert, ist Vorsicht geboten. Teuer wird es sowieso. Wie erosionsgefährdet die neuen Terrassen sind, haben bereits die ersten Starkregenfälle im Sommer gezeigt. Es lohnt sich aber durchaus, durch das Ihringer Neuland am Schlichten zu gehen. Selten kommen sich neue Rebflur und alte Hohlwege

© Ballonteam Norbert Blau, Freiburg

so nahe, wobei der Blick auf Ihringen mit jedem Höhenmeter imposanter wird.

Von Ihringen zur Himmelburg: Nur wenige Meter hinter der Kirche wird die Schlichtengasse zu einem tief in den Löß gekerbten, dunklen Hohlweg. Weiter geht es dann über die anschließende Dulltalgasse und zuletzt sonnenüberglüht bis auf die Höhe am *Lenzenberg*. Auch die asphaltierte Autozufahrt von der Ihringer Kirchstraße zur Gaststätte auf dem Lenzenberg wird ab Ortsausgang steil und spitzkehrig; weiter oben aber aussichtsreich bis zum Ausflugsziel am Lenzenberg.

Tour ab Ihringen: Die Hohlwegroute zu Fuß über Schlichtengasse und Dulltalgasse (vgl. Karte S. 50-51) auf den Lenzenberg ist freilich viel imposanter und naturnäher, sie führt in einer guten halben Stunde und immerhin 130 Höhenmetern auf den begnadeten Aussichtsbuckel, wo ein zentrales Wegkreuz nicht von ungefähr „Himmelburg" heißt (weitere Touren vgl. nächste Seite).

Rebarbeit: Im Weinberg ist eigentlich immer jemand am Werkeln, am „Rebe schaffe" wie es im Südwesten auch heißt. Wobei das Arbeitsmaximum (neben der Lesezeit) mit der Vegetationsphase im April beginnt und bis Anfang August reicht. Danach sind Spritzungen eigentlich nicht mehr nötig, es sei denn, neue Schädlinge wie die Kirschessigfliege machen sich weiter breit. Die meiste Laubarbeit ist im Hochsommer jedenfalls beendet, die Traubenzone ist entblättert, die Frucht hängt frei, dann bleibt nur noch warten und hoffen.

Davor liegen: Reben schneiden, junge Triebe anbinden, Gras und Kraut zwischen Zeilen und Stöcken niederhalten, Triebe ausgeizen, Vorblütenspritzung, Spritzung in die abgehende Blüte etc., Laubarbeit zum Freihalten der Traubenzone, Bodenarbeit (heute: Bodenmanagement), wieder spritzen, nochmal mulchen. Reben sind Intensivkultur, je nach Lage liegt der Aufwand je Hektar bei 2000 Stunden (Steillage, Handlese) bis unter 300 (flurbereinigte Fläche, maschinelle Ernte).

Das Mosaik der Ihringer Rebstücke erinnert nach der Flurbereinigung nur noch vage an alte Zeiten, als eine bisweilen groteske Bodenzersplitterung für uneffektive Arbeitsabläufe sorgte. Auch dies ein Grund, weshalb der Kaiserstuhl lange Zeit als Armenhaus der Region galt. Im Jahr 1933 entfielen auf die 1.880 Hektar der Gemeinde Ihringen (mit damals 3.400 Einwohnern) nicht weniger als 11.800 Einzelgrundstücke. Von den 700 landwirtschaftlichen Betrieben bewirtschafteten 450 eine Fläche kleiner als zwei Hektar. Nur 13 Betriebe kamen auf fünf Hektar und mehr. Die beiden Domänen *Blankenhornsberg* und *Liliental* (vgl. dort) waren die einzigen großen Liegenschaften im Kaiserstuhl.

Alte Schule – mit dem Unimog in die Reben

Jeder Weinberg erzählt auch etwas über seinen Besitzer, was natürlich gern kommentiert wird. Ich fuhr einmal vom Winklerberg zum Lenzenberg mit einem Kaiserstühler Großwinzer durch die einzelnen Lagen, wobei der gute Mann zu fast jedem Flurstück einen Kommentar hatte. Zu viele Augen am Bogen, zu wenig Laubarbeit, hier Wasserstress, dort Stickstoffüberversorgung. Hinzu kamen Erklärungen zu Familienstruktur und Nachfolgefragen, zum Sortenspiegel und Vermarktungsproblematik. Im Grunde war die Tour über den Lenzenberg ein moderner Heimatroman auf zwei Kilometern – und damit genau das Gegenteil jener Märchen, die gutgläubigen Touristen auf ihrer Rebenbummler-Tour im Narrenwagen verzapft wird.

Mit einem Winzer vorbei an zehn Flurstücken und man weiß einiges über die Wandlung des Kaiserstuhls von der Agrarregion zur Freiburger Pendlervorstadt mit integrierter Weinproduktion und angeschlossenem Naturschutzgebiet (vgl. dazu auch »Kaiserstuhl-Themen von A bis Z« am Buchende).

Veteran in Panoramalage – Rebhäusle am Kreuzenbuck bei Ihringen

Auch oben am *Gasthaus Lenzenberg* haben sich die Dinge deutlichst in Richtung Intensivierung entwickelt. Die Südterrasse bietet zwar noch immer eine großartige Sicht auf die gesamte Südwestecke, aber der Herrgottsfleck wurde mehr und mehr zu einem Erlebnispark im Weinberg, mit Streichelzoo und diversen Animationsgelegenheiten. Geschmackssache, wie die siebenachtelhosenkompatible, primär sättigende Küche.

Musikalität, Verdichtung, Überhöhung. In Ihringens Weinbergen gibt es einige geschützte Plätze, die der Klimainsel Kaiserstuhl alle Ehre machen. Dazu paßt vielleicht ein Rucksackvesper an der besonnten Wand einer jener alten Rebhütten, die in den Weinbergen um Ihringen noch besonders zahlreich vorkommen.

Rebhäusle sind ja nicht nur abgewetterte Bretterbuden, viele Standorte der Hütten wirken wie ein Ausrufezeichen in der Landschaft. Manches Objekt ist reine Land-Art: Musikalität, Verdichtung, Überhöhung. Man muß es nur sehen wollen – und was zum Vespern dabei haben.

Kaiserstühler Glut – am Winklerberg

An sonnigen Frühlingstagen oder im Herbst sind die Temperaturunterschiede zwischen Ebene und Hanglage enorm. Der Mensch der Ebene sollte auch das mal erleben: an einem Februartag im weichen, strohtrockenen Gras liegen, Schuhe aus, Hemd auf, Zeitung raus. Dazu gedämpfter Brumm aus dem Tal. Intensiver und entrückter zugleich läßt sich eine Kulturlandschaft nicht erleben.

Rundwege: Vom Wegkreuz Himmelburg (362 m) beim Gasthaus Lenzenberg bieten sich diverse Wander- und Rundwege an. Distanzen ab Wegkreuz Himmelburg, zugleich Kreuzung von Nord-Süd-Weg, Neunlindenpfad, Knabenkrautpfad: Katzensteinbuckhütte 2,5 km, Kreuzenbuck 2,4 km, Liliental 4,5 km (vgl. Karte S. 50-51).

Der beliebte Neunlindenpfad führt um die bewaldete, 473 m hohe Kuppe zwischen *Holzeck* und *Gierstein*. In ein bis zwei Stunden erschließt sich damit ein umfassendes Panorama der Landschaft am Oberrhein: mal geht der Blick in eng geschluchtete Kaiserstuhl-Täler, mal ins Rheintal und zum Schwarzwald. Elsass und Baden liegen einem somit zu Füßen

Hohlweg zur Himmelburg – Schlichtengasse bei Ihringen

wie René Schickeles „aufgeschlagenes Buch". Im Falz der Rhein, der nicht trennt, sondern verbindet. Und damit die Idylle nicht überhand nimmt, mitten drin der Reaktorblock von Fessenheim. Ein idealer Rundgang, um Verkrustungen aller Art zu lösen.

Lohnend wäre auch eine Tour von Himmelburg/Lenzenberg rüber zur nicht minder reizvoll gelegenen Katzensteinbuckhütte und weiter zum Wegkreuz am *Kreuzenbuck/Jägerdenkmal*, das ist die Paßhöhe an der alten Landstraße zwischen Ihringen und Achkarren (dort läge ebenfalls ein lohnender Ausgangspunkt für weitere Touren rüber bis zum Blankenhornsberg, vgl. dort).

Löß-Hohlwege: Von Ihringen-Kirche aus führen Lößhohlwege direkt auf den Lenzenberg: ab Kirche die Schlichtengasse aufwärts (als Teil des Kaiserstühler Nord-Süd-Weges). Distanzen ab Wegweiser Kirchplatz (209 m): Schlichtengasse 0,2 km, Dulltalgasse 0,4 km, Lenzenberg 1,8 km (150 Höhenmeter), Neunlindenturm 5,5 km (350 Höhenmeter), vgl. Karte S. 50-51.

Intensivbewirtschaftung mit Vogesenblick – Lenzenberg, Ihringen

LENZENBERG – bei Ihringen. Tourenausgangspunkt und viel besuchte Ausflugsgaststätte in Bestlage über den Ihringer Rebbergen. Zur Gastronomie gehören Kolateralanlagen wie Tiergehege, Outdoortheke und ein Wintergarten im Baumarktstil. Überragend der Blick auf Rheintal und Vogesen. Auf dem Lenzenberg gibt es kalt, warm und man wird satt. Der Tagesteller ist günstig, der Salatteller bunt und gerne mit Putenbruststreifen, dazu kommt eine breite Auswahl hoher Kuchen. Zur Attraktion wird der Platz wegen seiner solitären Lage zwischen Reben, Wald und Himmel.

Ein Wanderwegweiser unterhalb vom Gasthaus-Parkplatz heißt bezeichnend *Himmelburg*. An schönen Wochenenden herrscht intensiver Ausflugsbetrieb mit allen bekannten Nebenwirkungen – dazu kommen Grillabende, „beschwingtes Dinnertheater" und allerlei Eventismus.

Gasthaus Lenzenberg. Zufahrt ab Ihringen über die Kirchstraße, beschildert, ca. drei Kilometer durch die Reben. Tel. 07668-284, www.lenzenberg.de. ♣ Panoramaterrasse. RT: Do, geöffnet von 10 bis 19 Uhr. Preise: günstig-mittel.

Traditionell, konventionell – Holzöfele in Ihringen

HOLZÖFELE – Ihringen. Zentrales Haus im traditionellen Stil. Abseits manch' aufgeregter Lokaldiskussionen über Tagesform und aktuellem Personalstand bleibt das Holzöfele ein bürgerlich-konventionelles, teils auch frankophil-ambitioniertes Haus, dessen Karte Möglichkeiten vom sauren Leberle bis hoch zur Gänseleberklasse bietet. Exemplarische Gerichte wären etwa: „Gänseleberterrine mit Mousse & Gelee von der Quitte, Brioche", „Rehrücken mit Wacholderjus" oder auch „Lachsmaultaschen mit Lauchgemüse." Drei-Gang-Tagesmenü für 35 Euro; breites und lokales Flaschenweinangebot, genügende Auswahl auch an offenen Weinen. Bei den Hauptgerichten dominiert konservative Zubereitung mit fleischzentrierten Tellern, etwa: „Rinderfilet vom Jungbullen mit Whisky-Pfeffersauce, Blattspinat und Kartoffelgratin". Die teils verglaste Freiterrasse gehört zu den wärmsten Plätzen der Region – wenn hier nicht Draußensitzen, dann nirgends.

Holzöfele, 79241 Ihringen, Bachenstraße 46 (Ortsmitte), ♣ geschützte Terrasse in der belebten Ortsmitte – draußen sitzen ist spät und früh im Jahr möglich. Tel. 07668-207, RT: Do und Fr bis 17.30 Uhr. Preise: gehoben.

Lokalgröße in Ihringen – Zum Küfer

ZUM KÜFER – Ihringen. So geht Erfolg auf dem Land: Gemütlichkeit in einer ehemaligen Küferwerkstatt, eine Küche, die jedem etwas bietet, kommunikative Stimmung, flotter Service. Die Senior-Wirtsfamilie Birmele wollte, konnte nach einem Generationswechsel auf dem von ihr bewirteten Holzöfele nicht einfach auf dem Altenteil sitzen. Also wurde eine Straße weiter eine stattliche Küfer-Werkstatt mit Innenhof erworben und im frei interpretierten Landhausstil in eine Art permanente Premium-Straußenwirtschaft verwandelt. Nun ist der Küfer das, was das Holzöfele mal war – eine Lokalgröße. Im Hof erfreuen Ihringer-Landlust-Fresken und lokale Motti, darunter der alte Gassenhauer: „Jeder Ihringer ist ein Esel, aber nicht alle Esel sind Ihringer." (Vgl. zu dieser Einsicht auch S. 319.) Drinnen dann patiniertes Eichenholz-Pflaster, ein historischer Kachelofen, biedermeierliche Holzmöbel, warme Farben und Zechers Erkenntnis, streng ins Versmaß geschmiedet: „Das Trinkgeschirr sobald es leer, macht keine rechte Freude mehr." (Wilhelm Busch).

Der geneigte Gast sitzt und ißt im Küfer entsprechend länd-

Humorpatriotismus im Innenhof: „Nicht jeder Esel ist ein Ihringer."

lich-rustikal, aber nicht primitiv. Man sieht und trifft sich, gerne auch mal länger und später. Die Atmosphäre ist informell, die Portionen stets üppig, die Zubereitung unverkünstelt wie die Stimmung. Die Bedienungen schaffen was weg, die Seniorchefin zeigt Präsenz. Im Küfer geht hausgemacht und handfest somit stets vor elegant. Das gilt gleichermaßen für Einrichtung, Küche und Service, das Weinangebot berücksichtigt auch die Sensorik rheinländischer Altbierexperten.

Summe: Es wird gerne überbacken, gekräutert oder auch bis an den Tellerrand ausgarniert. Kulinarische oder gar urbane Trends sind anderswo; hausgemachtes Gänseleberparfait mit Weingelee, Fischterrine mit Lachsrose, Speckbohnen und Brokkoliröschen genießen Bestandsschutz. Wie zu Wirtschaftswunders Zeiten gelten volle Teller im Ratsherrenstil als Erfolgsgarant. Der geneigte Gast sieht es ebenso.

Zum Küfer, 79241 Ihringen, Eisenbahnstraße 9, 79241 Ihringen, Tel. 07668-9968140, ♣ ländlicher Innenhof. RT: Mo und Di, sonst ab 16.30 Uhr, So auch über Mittag. Preise: mittel.

Moderne Zimmer, traditionelle Stube – Winzerstube, Ihringen

WINZERSTUBE – Ihringen. Ein von Grund auf renoviertes Traditionshaus, erweitert um einen modernen Hoteltrakt, Seminarraum, Bar und Lounge. Auf der Terrasse der runderneuerten Winzerstube stehen nun Sitzmöbel im zeitgenössischen Look aus Flechtkunststoff, in der Eingangszone grüßen gedeckte Farben und Formen aus dem Inventar des gehobenen Wohnbedarfs. Vor all dem bietet die neue Winzerstube aber etwas, woran es sonst am Kaiserstuhl mangelt: Moderne Gästezimmer, schnörkellos gestaltet. So böte sich hier eine nicht alltägliche Möglichkeit zur aufgeräumt-funktionalen Unterkunft, auch zu Seminaranlässen oder Geschäftsessen. So weit, so erwartbar.

Der neue Speiseraum, Karte und Betriebssystem korrespondieren zwar mit den modernen Gästezimmern, haben freilich nicht jenen atmosphärischen Schmelz, auch nicht jenen Stubencharme, den man von einer familiär geführten Winzerstube vielleicht erwarten würde. Wärme bietet – zumindest optisch – die traditionelle „Stube“ im älteren Ge-

Gediegen – Hochzeitstisch in der Winzerstube

bäudeteil: Holzvertäfelung, geschnitzte Deckenlampen und historische Fenster wurden ebenso sorgfältig erhalten wie ein Hochzeitstisch mit Intarsien von 1935. Hier wäre zweifellos eine der gediegenen Wirtsstuben am Kaiserstuhl. Ob das neue Betriebssystem zur alten Stube paßt, muß freilich jeder Gast frei entscheiden.

Schließlich sind heute nicht nur präsente Gastgeber oder gar Wirtspersönlichkeiten eine Seltenheit, auch die Figuren einer Tischgesellschaft von anno damals gibt es natürlich nicht mehr. So erscheint die Stube mit ihrer spätbürgerlich, feinen Anmutung wie ein gastronomisches Format aus vergangener Zeit. Ein von Tischkonventionen befreites Verhalten, wie es eine Patchworkfamilie heute pflegt, wäre ein ziemlicher Kontrast zu den gestärkten Bischofsmützen, die hier wie ehedem zwischen polierten Stilgläsern stehen.

Damals gab es zwar Hof- und Jagdhunde, aber der Bürger war noch nicht so auf den Hund gekommen. Röchelnde Möpse unterm Hochzeitstisch sind in einer Winzerstube von 1935 jedenfalls kaum vorstellbar. Und so hat das Alte und das Neue

Bischofsmützen und Intarsien – Winzerstube, Ihringen

in der Winzerstube auch ein wenig Galeriecharakter: man ahnt, was war und sieht, was geworden ist.

Wie die Zeiten sind, zeigt die zweisprachige Karte, die auf französische Gourmet-Migranten setzt, auf der Abendkarte eigens eine Rubrik „Savoir vivre" mit Memorials von Froschschenkeln über Schneckensüppchen bis zur Barbarie-Entenbrust. Wenn das de Gaulle noch erlebt hätte – die Elsässer kommen zum Froschschenkel vespern nach Ihringen.

Mittags gibt es neben der Saisonkarte auch Klassiker wie hausgemachte Fleischküchle, Wiener Schnitzel und Rostbraten, sowie einen bilingual offerierten Tagesteller (von Mi bis Fr), der mit 12,50 Euro der aktuellen Konjunkturlage der Grande Nation sicher entgegenkommt. Man ahnt einmal mehr: die Liebe geht durch den Magen – aber die Kosten spielen halt auch eine Rolle. Gerade im kleinen Grenzverkehr.

Hotel und Winzerstube Ihringen, Wasenweiler Strasse 36, 79241 Ihringen, Tel. 07668-970910. ♣ Terrasse, moderne und traditionelle Gasträume. Restaurant-RT: Mo und Di. Viersternehotel mit 32 zeitgemäß ausgestatteten Zimmern, 20 davon klimatisiert, eines barrierefrei; 4 Suiten, Seminarraum. Zum Betrieb gehört das Weingut Dr. Schandelmeier.

Frühling an erster Lage – Ihringer Winklerberg

WEINGUT DR. HEGER – Ihringen. Der Name Heger steht für sortentypische, präzise Weine, die aus einem vielfältigen Lagenspektrum stammen. Zu beachten sind die Unterschiede der beiden Weinlinien: Unter der Traditionsmarke Dr. Heger (Mitglied im VDP) werden die Weine aus Spitzenlagen angeboten, darunter auch die beiden kaiserstühler Renommierlagen Ihringer Winklerberg und der Achkarrer Schlossberg (VDP.Große Lage, VDP.Erste Lage). Die eigene Ernte anderer Lagen, sowie jene einer zuliefernden Erzeugergemeinschaft wird unter der Marke Heger vermarktet, darunter sind auch leichtere, frische Alltagsweine, sowie die besonders interessanten, weil durchweg in Kabinettqualität (also nicht angereichert) ausgebauten Weine der Linie *oktav*.

Hegers Qualitäten reichen vom fruchtig-belebenden Riesling über drehmomentstarke Burgunder bis zur Selektion aus alten Rebanlagen am Winklerberg, vom eleganten Weißwein aus dem Stahltank bis zum unfiltrierten Spätburgunder aus dem Barrique. Der Ausbau erfolgt zu 95 % trocken, für Liebhaber gibt es auch ein beachtliches Angebot edelsüßer Weine

„Unsere Langstreckenläufer“ – Joachim Heger im Barriquelager

von Auslese bis Eiswein, außerdem einzelne Brände.

Besonders: Neben den naturgemäß eher voluminösen Burgundern aus Spitzenlagen werden auch vergleichsweise elegante Weißweine ausgebaut, darunter filigrane Rieslinge, Weißburgunder, Silvaner. Letzterer war ehemals, so Joachim Heger, schließlich „ein Kulturgut in Ihringen“. Hervorragende Silvaner kommen aus einer Spitzenlage am *Winklerberg*; elegant-fruchtige gibt es in der hauseigenen Kabinettlinie; ebensolches gilt für Riesling und Weißburgunder.

Hegers Spätburgunder haben ein ausgeprägtes aromatisches Rückgrat, gleich ob von Löß- oder Vulkanverwitterungsböden. Die höheren Rotweinqualitäten werden mittlerweile unfiltriert abgefüllt, wie dies im Burgund Tradition hat. In der Summe bekommt der Kunde bei Heger ein Qualitätsspektrum, das seinesgleichen sucht, freilich auch bezahlt werden muß.

Weingut Dr. Heger (VDP)/Weinhaus Joachim Heger, 79241 Ihringen, Bachenstraße 19/21. Tel. 07668-205; Öffnungszeiten Probierstube & Vinothek im Weingut: Mo bis Fr 9-12 und 13.30-17.30 Uhr, Sa 10-14 Uhr, www.heger-weine.de

Eine Weinbergrunde mit Joachim Heger

Winklerberg und Weltwein

„Irgendwie hat in Ihringen jeder mit Wein zu tun", sagt Joachim Heger, der auch mit Wein zu tun hat, aber nicht irgendwie. Als der Generationswechsel im Elternhaus anstand, war der Medizinstudienplatz schon zugeteilt, es hätte also auch eine Landarztpraxis werden können, wie beim Großvater. Das Weingut war aber die größere Versuchung, obwohl „es bei uns damals zum Dach rein geregnet hat." Gerade mal eine handvoll Hektar wurden früher bewirtschaftet. Ein Erbe, nicht als Hängematte, sondern als Herausforderung.

Mittlerweile steht der Traditionsname DR. HEGER für 20 Hektar in Spitzenlagen, fünfundzwanzig Fußballfelder, darunter die Renommierlagen *Achkarrer Schloßberg* und *Ihringer Winklerberg*. Wärmespeichernde Vulkanhänge, so steil, daß auch Drachenflieger starten könnten. Wenig Ertrag, aber über 95 % naturrein ausgebaute Prädikatsweine. Darunter auch mineralische Burschen, mit solider Säurestruktur und hohem Reifepotential. Unter der Marke WEINHAUS JOACHIM HEGER werden – mit separatem Etikett – noch mal gut 20 Hektar vermarktet. Hier sorgen die leichteren Lößböden für fruchtige, zugängliche Alltagsweine, die im Haus ebenso bewußt gepflegt werden.

Die vermeintlich „kleineren" Lößböden sollte man ohnehin nicht unterschätzen, aus Lagen am Tuniberg stammen ein paar von Hegers schönen Spätburgundern: Rotweine, mit fleischig, satten Kirscharomen, schon in der Jugend zugänglich, nicht so komplex wie die anfangs oft verschlossen Spätburgunder vom Vulkangestein. Die nennt Heger in Kenntnis ihres Potentials „unsere Langstreckenläufer".

Wie wird ein Name zur Marke?

„Ich bin 100 Tage im Jahr auf Achse", antwortet Joachim Heger auf die Frage, weshalb es eigentlich so schwer ist, auf

Den Berg pflegen und darüber reden – Joachim Heger

einer besseren Weinkarte den Namen „Heger" nicht zu lesen? Alpha-Kunden und schwierige Patienten behandelt er selbst, zur Leistung seines bundesweiten Außendienstes meinte Heger einmal: „Wir haben keine weißen Flecken, wir haben nur ein paar Flaschen zwischendrin." Heger hat früher gekickt, das flotte Umschaltspiel pflegt er bis heute. „Am Winklerberg bin ich mittlerweile der größte Winzer." Sätze wie Konter liebt er besonders.

Auf den jährlichen „Ihringer Weintagen" kümmerte sich Heger schon vor Jahren darum, daß in einigen Festbuden statt Schunkelbegleitwein tatsächliche Qualitätsweine ins Glas kommen, ins Stilglas wohlgemerkt. Das hat der Folklorefraktion weniger gemundet, aber solcher Widerspruch zeigt Heger, daß er richtig liegt. Das altfränkische Tralala auf Weinfesten ist ihm ohnehin Kassengift: „Wo keine Kapelle spielt, wird einfach mehr guter Wein probiert." Soviel zum Brauchtum 2014.

Hegers begrenzter Respekt vor alten Zöpfen fällt einem noch im hintersten Winkel des Kellers auf, wo keine vier-

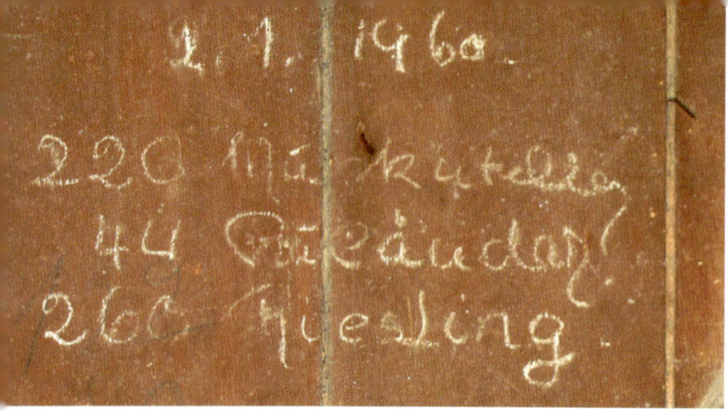

In Hegers Keller entdeckt – Weinorder anno 1960

schrötigen Kellermeister, sondern gut gelaunte Menschen arbeiten. „Ich will in meinem Betrieb zufriedene Leute sehen", meint Heger dazu lapidar.

Das Weindesign der letzten Jahre, all die Fruchtzubereitungen und Trinkmarmeladen, die wie Sirup im Glas stehen, sich anstrengend trinken, auf Prämierungen aber Preise abräumen, sieht Heger mit Widerwillen. „Micky-Maus-Weine" nennt Heger die Aromawunder aus den High-Tech-Kellern. Seine Antwort: „Wir müssen uns mehr auf das Eigentliche besinnen", will heißen: sorten- und lagentypischer Ausbau, Eleganz statt Wucht, klassisch durchgegoren und trocken, statt restsüß hinfrisiert. Die Rebe soll schmecken, nicht die „Heilige Hand" irgendeines Winemakers.

Nicht nur das Weindesign, auch die süße Streichmusik der Weinjournaille ist für Heger eine Kollateralerscheinung, die man als Profi zu ertragen hat. Er läßt sie reden und schreiben, Hegers höchstes Weinlob im kleinen Kreis klingt so: „Das ist ein präziser Wein. Mehr muß ich dazu nicht sagen."

Natürlich ist auch Heger klar, daß es heute mehr trinkbaren Wein gibt als vor 20 Jahren. Weinbau und Markenpflege gehören demnach zwingend zusammen. Heißt den Winklerberg pflegen und darüber reden. Nach ein paar Stunden in vertrauter Runde ließe sich eine Kurzformel für anhaltenden Erfolg im modernen Weinbau auch so fassen: Ein Drittel Weinberg, ein Drittel Keller, ein Drittel in der Öffentlichkeit. Nur ist es leider so, daß mancher wild gewordene Garagenwinzer von Hegers erstem Drittel nicht mal träumen kann, ganz zu schweigen von seiner abgeklärten Art. Es spricht für Heger, daß er nach Jahrzehnten auf der Bühne kein Winzerdarsteller geworden ist. Man weiß bei ihm bis heute nie so recht, ob er aus dem Faßkeller oder von einer VDP-Gala kommt.

Natürlich kennt Heger die Regeln im Wein- und Gourmetzirkus, schließlich hat er einige Runden in der Manege hinter sich, national und international. Kollegentratsch kann Heger auf Englisch, Alemannisch sowie in mindestens fünf weiteren deutschen Sprachen zum besten geben. An Schlüsselstellen hilft zudem die Urteilssicherheit des erfahrenen Genußmenschen. Winzer haben da gewisse Vorteile, ihre Sensorik ist austrainiert, sie reift mit den Jahren und beschränkt sich im übrigen nicht nur auf Weine. Eine gute Nase hilft bei Aromen- und Personenkontrolle gleichermaßen. „Der macht Spaß." – „Der kann es halt nicht." – „Ein guter Typ." Hegers Degustationsnotizen fallen oft recht knapp aus, gleich ob zum Riesling oder zu einem Koch.

Micky-Maus-Weine schmecken immer gleich, nicht nach Jahrgang, Lage oder Sorte. Solche „Laut & lecker-Weine" stehen nicht nur bei Lidl im Regal, auch mancher smarte Sommelier pusht jene Aromawunder, die mit auskömmlicher Rabattierung geliefert werden. Dagegen setzt Heger auf klassische Trümpfe: Seine Lagen, seinen Namen und Kunden mit erwachsenem Geschmack, die nicht auf jede Mode reinfallen. Sortentypizität und Eleganz bei den Weißen, Tiefenstruktur bei Rotweinen, „das werden wir pflegen."

Mit Joachim Heger über Wein und Leben reden, artet zwangsläufig aus. Eine Faßprobe wird leicht zur Langstrecke. Schließlich landen wir bei der endgültigen Weinstube, die am Kaiserstuhl noch immer fehlt. Eine Referenzweinstube, das wär's. Ein Ort präziser Weine und Geister.

Blick ins gelobte Land – vom Kreuzenbuckpaß

Der Himmel ist weit, ein paar der 700 im Kaiserstuhl amtlich registrierten Schmetterlingsarten werden vorbeigaukeln und es wird gut sein.

5 Erste Lage bei Ihringen

Wenn an einem sonnigen Wochenende der Lenzenberg bei Ihringen wieder mal zum Rummelplatz wird, wenn Straußenwirtschaften intensiv bewandert werden, immer wenn der Kaiserstuhl in Richtung kollektiver Freizeitpark driftet, wäre es Zeit für einen Platz wie die *Katzensteinbuckhütte*. Hier wäre ein Ausgangspunkt für krumme Touren. Schon die Anfahrt von Ihringen aus ist ein Vergnügen. Jeder Höhenmeter bringt neue Aussicht auf die Terrassenlandschaft. Sicher hält sich der Betrieb oben an der 371 Meter hohen Paßhöhe am *Kreuzenbuck* auch deshalb in Grenzen, weil die Zufahrt auf der alten Straße nach Achkarren nur für Landwirtschaftsverkehr offen ist, mit dem Rad aber um so mehr Freude macht.

Nischen im Terroir: Nur einen Kilometer Luftlinie vom wuseligen Lenzenberg jedenfalls eine Welt für sich: wer genau hinsieht, kann im dunklen Vulkangestein an einer Böschung unterhalb der Katzensteinbuckhütte das eine oder andere Kakteenblatt erkennen. An einem milden Herbsttag, wenn unten im Rheintal schon der Dunst hängt, wäre an der letzten Straßenschleife vor der Hütte der Platz zum Absitzen, oder

Kaiserstühler Flow: Sonnenplatz, Vulkangestein, Sempervivum

sonstwo in einer warmen Nische, an einem Eckle, am Rebhäusle. Der Blick reicht bis weit ins gelobte Land, ein paar der 700 im Kaiserstuhl amtlich registrierten Schmetterlingsarten werden vorbeigaukeln und es wird gut sein. Flow wird sich einstellen, oder einfach Wohlbefinden.

Ich habe hier oben mal einen Mountainbiker getroffen. Prokuristenbäuchle, Rhein-Main-Gebiet, drei Tage Kaiserstuhl, tagsüber mit kleinem Gang und die Gasse hoch, abends „ordentlich Sassenbacher“ – gemeint war vermutlich Sasbacher. Egal, in der letzten Schleife vor der Katzensteinbuckhütte steigt der Mann jedenfalls mit mittelrotem Kopf von seinem Bergfahrrad, zückt einen Zigarillo und zieht durch. Es wurde dann noch ein ganz anregendes Gespräch.

Touren: Schon der Zugang zur Hütte läßt sich als Programm gestalten. Der Aufstieg wäre von Ihringen-Kirche aus über den Lößhohlweg Pöppigasse möglich und lohnend (2,8 km ab Ihringen, zugleich Route des Bienenfresserpfades über die Wegkreuze Schlichten (232 m), Pöppital (340 m) und Jägerdenkmal (371 m), allerdings mit 170 Höhenmetern auch etwas fordernd. Vgl. Karte S. 50-51.

Wer redet von der Toskana – Auffahrt zum Blankenhornsberg

- Schöne Zufahrt von Ihringen auch wie zuvor beschrieben auf der alten Verbindungsstraße nach Achkarren (Achkarrenstraße, Wegkreuz am Wiegentalweg, 212 m). Schon an der Paßhöhe **Jägerdenkmal/ Kreuzenbuck** (Wanderwegkreuz, 371 m, aber nur wenige Parkplätze) wäre ein guter Ausgangspunkt: Hier kreuzt der Wanderweg vom Blankenhornsberg/Hochbuck/Wildenstieg kommend, der einen in 15 min weiter zur Katzensteinbuckhütte führt, besser: geleitet.

Blankenhornsberg und Winklerberg bei Ihringen

Im parzellierten Kaiserstuhl thront das Staatliche Versuchs- und Lehrgut für Weinbau wie eine selbstbewußte Festung auf dem Blankenhornsberg. Schon die erhabene Einzellage über den arrondierten Flächen im Duttental zeigt, daß der Staatsweinbau seine eigenen Regeln hat. Auch die Öffnungszeiten der Probierstube sprechen für sich – dazu später. Für den Passanten wäre das Weingut auf dem Blankenhornsberg zugleich ein besonders lohnender Ausgangspunkt, um die Renommierlagen an der exponierten Südwestspitze des Kaiserstuhls zu erkunden.

Frühe Blüte – Rebhäusle und Pfirsichbaum im Dulltal bei Ihringen

Nach dem Ortsausgang von Ihringen, an der Landstraße 114 Richtung Breisach, beginnt die Auffahrt auf einer erstaunlich breit angelegten Trasse – hier beginnt kein Feldweg, sondern eine Allee zum Weinschloß auf dem Blankenhornsberg: erst vorbei am jüdischen Friedhof, im Frühjahr dann längs einer fulminant blühenden Mandelbaumallee. Später begleiten einen Weinbergpfirsichbäume und schlanke Zypressen. Auf der kurzen Fahrt nach oben geht es zunächst durch die markant ausgeprägte Dulltal-Wanne, vorbei am Doktorhausensemble bis hoch zum Parkplatz beim begnadet gelegenen Weingut (Wanderwegkreuz auf 270 m). An einer Südfront des Anwesens gedeiht eine meterhohe Palme, auch ein mediterraner Felsgarten wurde angelegt.

Zur Wiege des Qualitätsweinbaus: Gleich ums Eck bei der *Littensbühlhütte*, nur ein paar hundert Meter zu Fuß entfernt, beginnen die markanten Terrassen, Mauern und Treppengänge am *Winklerberg*, seit jeher eine der Renommierlagen am Kaiserstuhl und zugleich Geburtsort des kaiserstühler Qualitätsweinbaus. Der ist eine Errungenschaft des letzten

Relikt aus alter Zeit – in den Reben bei Ihringen

Jahrhunderts und war zunächst begrenzt auf eine kleine Fläche. Lange wurden auf den leichter zu bearbeitenden Lößböden des Kaiserstuhls eher geringe Weine im gemischten Satz erzeugt. Auch die früher übliche Bestockung einer Lage mit diversen Lokalsorten gehorchte eher der Not von Kleinbauern als einem Qualitätsdenken. Die schwerer zu bearbeitenden Vulkanböden wie am Winklerberg wurden kaum bepflanzt. Wie so oft sorgte ein Quereinsteiger für frischen Wind im Traditionsgewerbe Landwirtschaft.

Zu Beginn des 19. Jahrhunderts ersteigerte der „Oberwundt- und Hebarzt" J. Lydtin 6,5 Hektar sogenanntes Ödland am Südwesthang eines ehemaligen Steinbruches von der staatlichen Domänenverwaltung. Das sogenannte Ödland lag genau dort, wo später die Spitzenlagen *Fohren-* und *Winklerberg* liegen sollten. Lydtin wagte auf dem exponierten Gelände einen kühnen Anbauversuch. In Italien hatte der Arzt den Weinbau auf Lavaböden am Fuß des Vesuvs kennengelernt, dort wo die berühmten Lacrimae-Christi Weine angebaut wurden. Angeregt vom Kleinklima auf Vulkangestein kultivier-

Am Ihringer Winklerberg

te Lydtin neue Edelsorten auf den Felsböden am Winklerberg, zunächst noch gegen den Rat der Einheimischen. Er hatte dennoch Erfolg und seither gilt der *Winklerberg* als Geburtsstätte des Edelweinbaus am Kaiserstuhl.

Bereits im Jahr 1821, kurz nach Lydtins Anbauerfolg, kaufte Johann Baptist Hau, Kaufmann und Bürgermeister in Breisach, das sogenannte „Brunnenstück“, eine 1,5 Hektar große Lage in der Mitte des damaligen Fohrenbergs gelegen, direkt am Winklerberg angrenzend. Das Gelände wurde noch im selben Jahr von 130 Arbeitern rigolt, also bis in tiefe Schichten gelockert und danach bepflanzt. Auch Hau pflanzte neben den üblichen Lokalsorten einige Edelsorten wie Muskateller, Silvaner, Rheingau-Riesling, Weißen und Grauen Burgunder – schon drei Jahre später konnte die erste Ernte zum mehrfachen des üblichen kaiserstühler Weinpreises verkauft werden. Die Vulkanböden am Winklerberg waren damit zur legendären Weinlage geworden – woran sich bis heute nichts geändert hat.

Am Fuß des Winklerbergs – Zapfstelle am Brunnenstück

Eine **Gedenktafel** am Fohrenberg-Brunnen erinnert heute an die Pionierleistung von Baptist Hau – der Brunnen liegt nahe am asphaltierten Landwirtschaftsweg, unterhalb des alten, ockerfarbenen Rebhäusles (vgl. Bild gegenüber, oben); das nächstgelegene Wanderwegkreuz beim Brunnen heißt: Winklerebene (193 m), es liegt nahe der Kreuzung der Landstraßen Ihringen-Achkarren/Breisach. Die Bronzetafel wurde von den Enkeln Emil, Adolf und Hermann Müller gesetzt. Das Breisacher Weingut Gebr. Müller und damit auch die Reben auf dem historischen Brunnenstück gehört seit 2004 zum Weingut Heger in Ihringen, das diese Lagen vermarktet (vgl. dort). Das wunderbar kühle, klare Brunnenwasser ist im Hochsommer ideal, um die Trinkflasche am Rad zu füllen.

Die oft zitierten und fotografierten **Kaiserstuhl-Kakteen** wachsen konzentriert an der Steilwand, die links oberhalb vom Rebhäusle zu sehen ist. Zwischen den Treppengassen sieht man diverse Kakteennester. Mittlerweile erschließt auch ein Kaiserstühler Themenpfad einzelne Vorkommen (Hinweisschild: Vulkanfelsgarten Winklerberg, Ausgangspunkt am Wanderwegkreuz: Winklerebene, 193 m). Die forcierte Natur-Beschilderung führte freilich auch dazu, daß Kakteen ausgegraben werden, auch McDonalds-Schachteln finden sich nun in den Steillagen am Winklerberg. Plenum und andere gut meinende Geister sollten auch daran denken, daß die Exhibitionierung von Natur Grenzen hat.

Im Glutofen – am Winklerberg

Das Staatsweingut Freiburg und Blankenhornsberg auf dem Blankenhornsberg besteht seit 1843, es wurde zunächst privat von den markgräfler Weinbaupionieren Gebrüder Blankenhorn gegründet und 1919 an die Badische Landwirtschaftskammer verkauft. 1954 wurde die Domäne dann dem Staatlichen Weinbauinstitut Freiburg angegliedert, das wiederum dem Ministerium für ländlichen Raum und Verbraucherschutz in Stuttgart zugeordnet ist. Heute gehören 24 Hektar Rebfläche am Kaiserstuhl zu dem Landesbetrieb, in Freiburg werden 13 Hektar weiterer Flächen am Schloßberg, am Jesuitenschloß und in Ebringen bewirtschaftet. Das Lehr- und Weingut bei Ihringen ist Teil des staatlichen Weinbauinstitutes in Freiburg, das in einem Neubau an der Straße nach Merzhausen residiert.

In der Vinothek beider Häuser wird ein beachtliches Sorten- und Qualitätsspektrum angeboten, von Literflasche bis großes VDP-Gewächs, von der klassischen Sorte bis zum Versuchsanbau mit pilzresistenten Neuzüchtungen. Auch Sekt, Obstbrände, sowie Weine aus kontrolliert ökologischem Anbau (Ecovin). Die Weine vom Blankenhornsberg (Spitzenlage: Blankenhornsberger Doktorgarten) haben in der Regel – obwohl überwiegend trocken angeboten – meist noch schmeckbare Restsüße (Werte von ca. 3-6 Gramm/Liter). Den Lagen entsprechend auch viele wuchtige Weine mit einem Alkoholgehalt von 13% an aufwärts. Freunde einer üppigen Burgundercharakteristik finden hier sicher etwas, der Liebhaber von leichten, durchgegorenen und säurefrischen Weinen hat es auf dem Blankenhornsberg eher schwer.

Staatsweinbau in Spitzenlage – am Blankenhornsberg

Das Gut (Mitglied der VDP-Prädikatsweingüter) überrascht neben seiner erhabenen Lage inmitten der Reben mit einer geschmackvoll, modernen Ausstattung, sowie mit Öffnungszeiten, die zu einer landeseigenen Abgabestelle für Flaschenweine passen. Der repräsentative Probenraum wird von Hochmögenden gerne aufgesucht, daneben gibt es Weinproben und Kellerführungen für Wähler.

Staatsweingut Freiburg & Blankenhornsberg, bei Ihringen, Tel. 07668-99 150, Verkauf und Probe auch im Weinbauinstitut Freiburg, Merzhauser Straße 119, Tel. 0761-4016544, www.staatsweingut-freiburg.de. Öffnungszeiten für's Volk: von Montag bis Freitag, 8.30-12 und 13-17 Uhr; am Samstag von 10 bis 16 Uhr, aber nur von Mai bis Oktober. Man darf davon ausgehen, daß bei hoheitlichem Bedarf auch außerhalb der Kernarbeitszeiten kredenzt wird.

Touren: Routenempfehlungen ab Blankenhornsberg erübrigen sich, vom Wanderwegkreuz Blankenhornsberg (270 m), direkt am Weingutsparkplatz führen aussichtsreiche Wege in alle Himmelsrichtungen. Ein überlegenes Panorama hat man von der nahen Littesbühlhütte, die auf der Südwestspitze des Kaiserstuhls thront (bei klarem Wetter Alpenblick). Wer weiter ausholen will, kann auf einem Höhenweg durch Laubwälder über Hochbuck (375 m), Castellberghütte, Fohrenbuck rüber nach Achkarren ziehen, zurück über die Paßhöhe Kreuzenbuck, vgl. auch Karte S. 50-51.

„Wenn der Bauer einen Traktor bekommt, dann gibt es für ihn keinen Gott mehr.“ LENIN

„Herrgott‘ bleib dahoam im Himmel, wir haben Nitrophoska blau.“ BIERMÖSL BLOSN

6 Philosophen auf der Mondhalde

Fritz Keller aus Oberbergen hat mir mal erzählt, wie auf seinem Weingut eine Doktorandin der Philosophie beim Herbsten geholfen hat. „Die hat mir zwischen Weißburgunder und Grauburgunder Nietzsche erklärt. In ganz einfachen Sätzen." Das ist jetzt schon etwas her. Keller hat mittlerweile längst seine eigene Philosophie, die auch vom Kurzpaßspiel des modernen Fußballs beeinflußt wird: Bei Stillstand droht Umsatzverlust.

Für Nietzsches Romanfigur Zarathustra war Bewegung an frischer Luft Voraussetzung für gute Gedanken, Zarathustra wußte: „So wenig als möglich sitzen; keinem Gedanken Glauben schenken, der nicht im Freien geboren ist und bei freier Bewegung, in dem nicht auch die Muskeln ein Fest feiern." Die Arbeit im Weinberg, der jährlich wiederkehrende Zyklus von Reben schneiden, biegen, heften, ernten und das stete Wenden von Denksteinen paßt ohnehin gut zusammen. Muskelkater hat noch keiner Idee geschadet und seit jeher beschäftigen sich große Denker mit den Konsequenzen der Handarbeit. Lenin glaubte zu wissen: „Wenn der Bauer einen

Aufgeräumt – Rebterrassen zwischen Oberrotweil und Mondhalde

Traktor bekommt, dann gibt es für ihn keinen Gott mehr." Bekanntlich hatten die Bolschewiki zu schlechter Letzt weder Gott noch Traktor. Fast 100 Jahre später brachte die Biermösl Blosn die Säkularisierung der Landwirtschaft auf den Punkt: „Herrgott bleib dahoam im Himmel, wir haben Nitrophoska blau."

Schlepper und Kunstdünger konnten den Gottesglauben im Agrarsektor zwar schwächen, aber nie ganz ersetzen. Außerdem erheben sich bis heute mit jeder Flurbereinigung und in jedem Jahrzehnt neue Götter. Mal heißen sie Menge, mal Qualität, mal Rodungs-, dann Pflanzprämie. Gerne auch „EU-

© Ballonteam Norbert Blau, Freiburg

Förderprogramm Ziel 3". Wo Subventionen sind, braucht es keine Götter mehr, würde Lenin heute wohl sagen.

Von Nietzsche stammt übrigens die Prognose, nach dem Tod Gottes werde sich die Gesundheit zur neuen Göttin erheben. Dafür spricht auch, daß die modernen Bußgewänder atmungsaktiv sind und auf gut Deutsch *Hans Wolfshaut* heißen. Nur der Wein, der bleibt. Und das freie Denken beim Gehen wird ein Luxus bleiben, der nichts kostet. Bis in alle Ewigkeit – Amen!

Zweckfrei gehen ab Mondhalde: Für einen Tag Kaiserstuhl braucht es kein Rezept, außer einen Satz von Humboldt im

Hinterkopf: „Man genießt die Natur auf keine andere Weise so schön, als bei dem langsamen, zwecklosen Gehen."

Zwecklos gehen könnte so gehen: auf die Mondhalde fahren und sich treiben lassen. Alle Wege sind beschildert, naturkundliche Besonderheiten sowieso. Verlaufen ist unmöglich, entdecken fast auch: Von Wiedehopf bis Bienenfresser, von Kirschbaum bis Knabenkraut – dank üppiger Zuschüsse und einem Institut namens „Plenum Naturgarten Kaiserstuhl" sind in den letzten Jahren „Themenpfade", „Themenachsen", sowie „Verbindungswege zwischen Themenachsen" gewachsen. Wer eigensinnig unterwegs ist, könnte an naturkundliches Stalking denken.

Legen wir endlich ab: Von Oberrotweil führt ein Panoramasträßle hoch in die Rebberge. Es beginnt beim Friedhof als Abzweig von der Kreisstraße Richtung Bischoffingen (Wegweiser Friedhof, 264 m) und führt in fünf Spitzkehren durch die terrassierten Steillagen des Mittelbergs zum Wanderparkplatz auf der Mondhalde (Wegkreuz Mondhalde, 407 m). Oben angekommen gilt: exponierter und blickreicher als vom Pavillon auf der Mondhalde aus läßt sich eine zweckfreie Runde im Zentralkaiserstuhl kaum beginnen. In stillen Herbsttagen hört man aus dem Tal das hohe Kreischen einer Brennholzsäge, kein Windhauch geht, die Rauchsäule eines Herbstfeuer bleibt bleistiftgerade über dem Tal stehen.

Manche fahren zweckfrei zur Mondhalde hoch, zum Alleinsein, oder zu zweit. Stellen das Auto ab, schauen aufs Land, atmen durch und rollen niedertourig runter. Wahrscheinlich ist das eine Form der kaiserstühler Meditation, der Platz oben am Pavillon könnte auch Planet Mondhalde heißen. Die von hier abgehenden Touren über die Höhen im inneren Kaiserstuhl haben was von einer Kahnpartie. Einsteigen, abstoßen und schon ist man draußen. Keine andere Region am Oberrhein bewirkt auf so kurzem Weg einen solchen Stimmungswandel.

Lifestyle am Pulverbuck – Gold kaufen, Ape fahren

Geld & Gold: Man geht also einfach so dahin, die zwei Kilometer, von der Mondhalde über die *Baßgeigenhütte* rüber zur Paßhöhe *Am Kiechlinsberger Eck*. Auf Wiesenwegen, Waldrandwegen, Stehenbleibwegen. Ringsum reinster Kaiserstuhl mit seinen Sonderkulturen und humanen Sondermodellen. Zu denen gehören auch die letzten einheimischen Winzer mit Zeit, üblicherweise trifft man in den Reben heute auf Saisonarbeiter mit Zeitvertrag.

Manchmal steht so ein Fossil am Weg. Einmal war es ein Senior mit hasenfellbraunem Kordhut. Einer, der ein Sackmesser dabei hat und vermutlich noch nie im Leben geschnittenes Brot gekauft hat. Einer, der sich die Leute anschaut, die vorbeigehen. Das ist ja auch so eine Lebenshaltung: vorübergehenden Leuten lange hinterher schauen. Geht aber nur, wenn man einen eigenem Standpunkt hat.

Manchmal hat so ein Senior noch ein paar Sätze parat, die im Gedächtnis bleiben. Seine beiden Kinder hätten es nicht so mit der Landwirtschaft, erzählt der Winzer mit dem Cordhut. Beide hätten studiert, darauf habe er geachtet. Beide

Wunder am Wegrand: Raupe des Schwalbenschwanzfalters

bekommen kein *Traubengeld* von der Genossenschaft, sie verdienen gutes Geld in der Stadt. Nochmal: kein Traubengeld, sondern gutes Geld. Kürzer läßt sich die Problematik genossenschaftlicher Vermarktungspreise nicht fassen.

„Natürlich verreckt der Euro", sagt der Seniorwinzer. So alle 50 oder 60 Jahre verrecke das Geld und jetzt sei es eben wieder mal soweit, oder eben im nächsten Jahr. Sein Sohn, in der IT-Branche tätig, habe in Goldbarren investiert. Diese aber nicht auf der Bank deponiert, sondern bei sich zu Hause eingemauert. Wenn es hart auf hart kommt, kann man den Banken und dem Staat nicht trauen. Jeder richtige Landwirt wisse das, meint der alte Winzer zum Schluß seines Anlageseminars. NIETZSCHE dachte so ähnlich, Zarathustra sieht im Staat „das kälteste aller Ungeheuer."

Eine Vespa-Ape hat sich der Winzer noch gegönnt, Sachwerte schaffen, in Lebensqualität investierten. Bequem in der Kabine hoch in die Weinberge. „Der Mist muß auf's Feld", heißt es auf dem Land zu einer ausgabenorientierten Wirtschaftsweise. Philosophie mit Schwielen an den Händen.

In Funktionskleidung – Smaragdeidechse

Gehen, Navigieren & Vergessen: Das Kontrastprogramm zum zweckfreien Gehen erscheint mir wenig später in Gestalt eines Paares im mittleren Alter. Die Beiden sind hochgebirgsfest angezogen, mehrlagig atmungsaktiv. Mit dem Navigationshandy wird die Route alle zweihundert Meter überprüft, die Entfernungsangaben auf den Wegweisern werden mit den Daten auf dem Handydisplay abgeglichen – gehen am digitalen Krückstock. Zwei Jüngere nehmen sich an der Hand und gehen los, offenbar ohne GPS, aber mit Vergnügen.

Die exakte Positionsbestimmung ist ohnehin ein Feind des Gehens in einer höheren, sorglosen Form. Seit Aristoteles gibt es Theorien über das Gehen, vom sinnierenden Auf- und Abgehen durch die eigene Bibliothek bis zum Kräfte schonenden Schritt, wie ihn Gebirgsjäger trainieren. Balzac suchte in den unterschiedlichen Gehweisen nach Mustern für seine eigene wissenschaftliche Arbeitsweise. Eine zu ihm passende Methode fand er schließlich im intellektuellen Freistil, der zwischen „der Messlust des Gelehrten und dem Taumel der Narren“ liegt – vielleicht eine Anregung für eigenes Gehen.

Sich gehen lassen – unterwegs zur Mondhalde

Gehen und gegangen werden. Gehen um des Gehens willen wurde schon früh als Spezialdisziplin kultiviert, speziell im bürgerlichen Milieu, das sich die zweckfreie Trödelei leisten konnte. Die „Pflastertreter" der boomenden Gründerzeitstädte und die Flaneure des frühen 20. Jahrhunderts kultivierten das Zufällige des sich Gehenlassens. „Man muß sich selbst vergessen, um glücklich spazieren zu geh'n", erkannte der Berliner Flaneur *Franz Hessel* in den 20er Jahren des letzten Jahrhunderts, von Hessel stammt auch der Neologismus „Footing", der sich freilich nie durchsetzen konnte.

Der städtische Flaneur mit seiner schwebenden Intelligenz avancierte jedenfalls bald zur anerkannten Sozialfigur. Zu seiner Methode gehören Abschweifung und Improvisation. Das eher zerstreut als hierarchisch organisierte Wissen des Flaneurs alter Schule findet man heute bei seinen zeitgenössischen Wiedergängern: Kulturwissenschaftler, Politikberater, Intendanten. Vereinzelt auch beim Winzer, der ja oft etwas vom Intendanten hat, gerade im letzten Lebensviertel. Vom Handy-Wanderer läßt sich sagen, daß er nicht geht, sondern gegangen wird.

Eine Frage der Perspektive – so schaut der Traktorist auf's Land

Der urbane Mensch des 21. Jahrhunderts verbringt 90 % seines Lebens in geschlossenen Räumen. Die Philosophin *Helen Mallison* schreibt dazu: „Der konstante Zustand der Luft erzeugt dasselbe Gefühl der Zeitlosigkeit wie konstantes künstliches Licht." In der Folge sterbe, so Mallison, das Gefühl für Jahreszeit und Klima ab. Wahrscheinlich stirbt beim Leben in geschlossenen Räumen auch die Lust auf Unerwartetes. Gerade darauf ist der Naturstreuner aber angewiesen. Der Naturflaneur hat etwas vom Intellektuellen, beide machen aus dem Gewöhnlichen eine Frage. Fragen und Wundern, wo sonst niemand fragt und wundert, ist gelebte Philosophie. Vielleicht sogar Liebe.

Wer's nicht glauben mag, sei an einen Vergleich des Philosophen *Ortega y Gasset* erinnert: „Auf den ersten Blick scheint er [der Intellektuelle] ein Zerstörer. Man sieht ihn, einem Metzger vergleichbar, stets die Hände voll von Eingeweiden der Dinge. Aber das Gegenteil ist der Fall. Der Intellektuelle kann nicht, auch wenn er es wollte, im Hinblick auf die Dinge Egoist sein. Er macht aus ihnen ein Problem. Das ist das

Spätherbst am Pulverbuck

höchste Kennzeichen der Liebe." (Der Intellektuelle und der Andere, 1940).

Genug für heute, problemlos am Waldrand lang geht auch: besonders reizvoll zwischen der Paßhöhe *Am Kiechlinsberger Eck* (auch *Texaspaß* genannt) und dem *Bahlinger Eck*, oft mit Blick auf den Totenkopf und die fahlbraunen Trockenrasen, auf die strenge Geometrie der Rebterrassen, auf die gebeugten Rauchfahnen an einem Föhntag, die einem unmißverständlich sagen: es war höchste Zeit, daß du noch mal hergekommen bist. Heute ist es noch warm, aber schon Ende Oktober, in ein, zwei Wochen kann auch die Klimainsel Kaiserstuhl im Nebel absaufen. Dann sind die Wiesenwege nicht federnd weich, sondern rutschig naß und dein verschwitztes Hemd wird in der Herbstsonne nicht mehr trocknen. Man wird dann im Rebstock in Oberbergen Obdach suchen oder abseitiger im Schneckenbergstüble in Achkarren, in einem der letzten Stüble, die es im Kaiserstuhl noch gibt. Keine Sorge, wir kommen da noch hin.

Späte Blüte, späte Frucht – Wintertroller vom Spätburgunder

Wintertroler & Erntedank: Wie fast jedes Jahr hängen gegen Ende Oktober nur noch die Wintertroller in den Drahtanlagen. Wintertroller sind die Früchte der kleinen, erst im Juli blühenden Gescheine, die an Nebentrieben austreiben. Die Beeren der Wintertroller reifen erst nach der eigentlichen Weinlese aus, wenn überhaupt. Biologische Spätentwickler, als kleine Wegzehrung bestens geeignet. Im ungewöhnlich warmen Herbstwetter der letzten Jahre haben sich Wintertroller oft erstaunlich gut entwickelt, manchmal käme noch einiges an Lesegut zusammen, so daß sich fast eine Nachlese lohnen würde. Vielleicht, um einen säurebetonten Sektgrundwein zu erhalten. Aber um solche Spezialitäten kümmern sich allenfalls Außenseiter.

Im Blog *schreiberswein.de* habe ich dazu einen sinnenfroher Satz gefunden: „Die Spätburgundertroller, mit denen ich mich auf meiner Wanderung versorgte, schmeckten wunderbar aromatisch. Glücklich und still feierte ich ein spätes Erntedank, sog dabei die wärmenden Sonnenstrahlen tief in mich

Mitten drin – Oberbergen und Totenkopf von der Mondhalde aus

auf und ging weiter meines Weges."

Erntedank also. Seines Weges gehen, über Kaiserstühler Höhen ziehen, abtreiben zwischen Hohlwegen und Weinterrassen, die letzten, schon etwas tapsigen Flugversuche eines späten Falters beobachten. Die sprechenden Kleinigkeiten am Weg erkennen, sich von den großen Tafeln der amtlich geprüften Naturpädagogik nicht allzusehr ablenken lassen. Erntedank ist im Kaiserstuhl eigentlich immer, man muß nur ernten wollen. Einen Blick, einen Gedanken, der das Leben zumindest für eine Weile ordnet. Und wer schließlich einen schönen Vesperplatz erreicht hat, oder eine Bank, oben am

sonnigen Waldrand zwischen Mondhalde, Pulverbuck und Bruderplatz, der mag an einen Satz von Stefan Zweig denken, der von düsterer Zeit bedrängt, an seinen Freund Joseph Roth schrieb: „Und bleiben wir beisammen, wir Wenige."

Touren auf Höhenwegen im zentralen Kaiserstuhl: Guter Ausgangspunkt am Wanderwegkreuz beim Pavillon auf der Mondhalde oberhalb Oberrotweil (Wanderwegweiser: Pavillon Mondhalde, 354 m). Zufahrt ab Ortsausgang, von der K 4923 Oberrotweil-Bischoffingen. Karte vgl. nächste Seite.

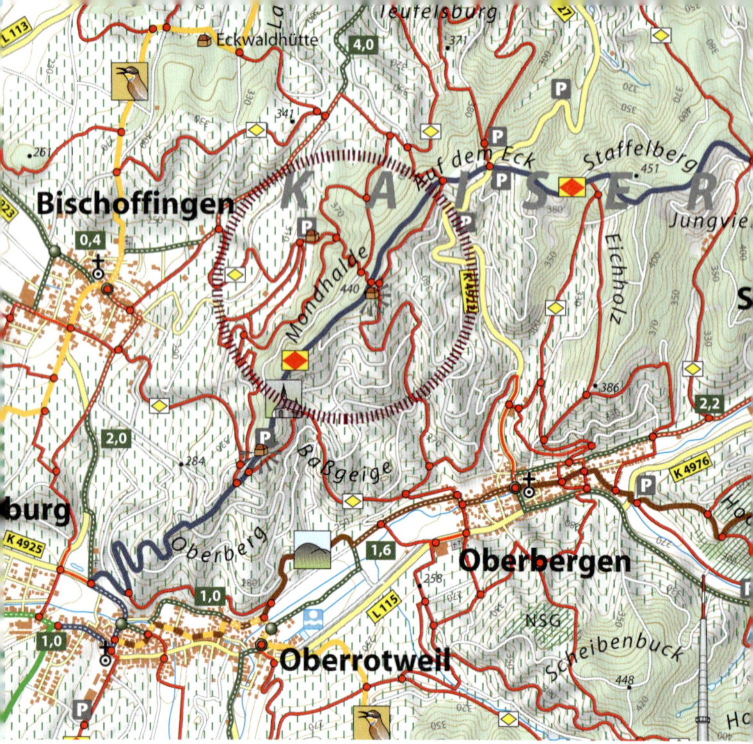

Eine Alternative wäre der Wanderparkplatz an der K 4922, Paßhöhe Kiechlinsberger Eck, zwischen Oberbergen und Kiechlinsbergen (Wanderwegweiser: Kiechlinsberger Eck, 397 m); bzw. der Wanderparkplatz auf dem Bahlinger Eck, an der Kreisstraße von Bahlingen nach Schelingen (Wanderwegweiser: Bahlinger Eck Parkplatz, 434 m).

Der innere Kaiserstuhl und seine typische Landschaft kann von allen drei Plätzen aus auf einem aussichtsreichen Höhenweg umrundet werden (gleicher Wegverlauf wie Drei-Länder-Weg und Katharinenpfad). Ab Mondhalde geht es in Richtung Baßgeigenhütte - Kiechlinsberger Eck, möglicher Abstieg nach Oberbergen zur Einkehr, bzw. lohnende Fortsetzung – stets Höhe haltend – über die Schelinger Viehweide und Amolterer Eck (Abstecher zur Kapelle Katharinenberg) - Bahlinger Eck; zahlreiche Abkürzungen und Varianten sind möglich.

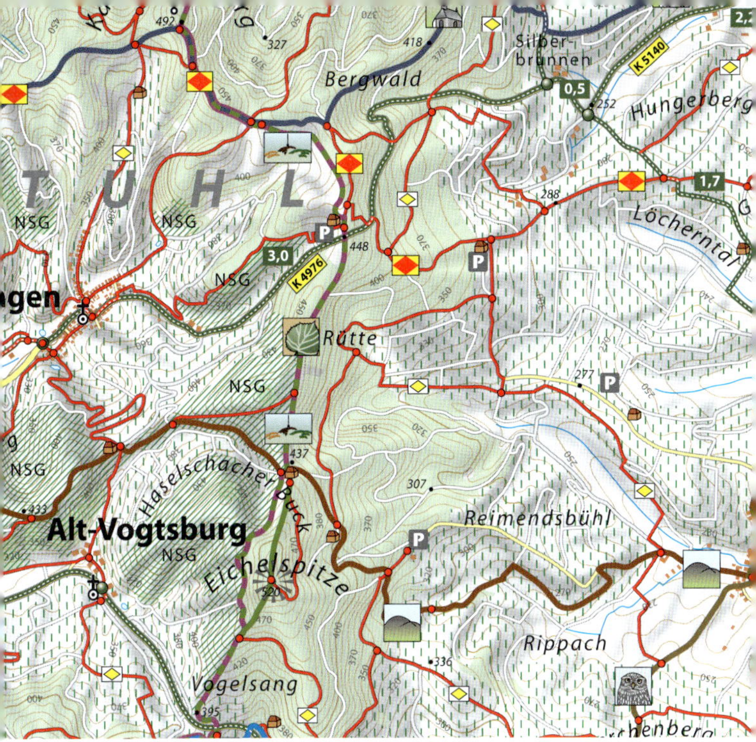

Einkehr: Rebstock in Oberbergen. Der rustikale Teil von Fritz Kellers gastronomischem Dreiklang, zu dem auch das Gourmetrestaurant Schwarzer Adler, das gleichnamige, 2013 neu erbaute Weingut und ebendort die moderne Kellerwirtschaft gehören. Der Rebstock ist ein robust-gemütlicher Landgasthof mit ebensolcher Küche (Details vgl. Streifzug Nr. 12: Im Herz des Kaiserstuhls).

Schneckenbergstüble in Achkarren. Ein Stüble im Wortsinne, ein soziokulinarisches Rückzugsgebiet mit ruhigem Betriebssystem und volksnaher, trendfreier Küche (Details vgl. Streifzug Nr. 9: Achkarren, Schloßberg, Stüble).

Rund treten, tief atmen – auf dem Texaspaß

7 Vom Texaspaß ins Schwimmbad

„Hier sieht's ja aus wie in Texas." Das Zitat zur Paßhöhe zwischen *Kiechlinsbergen* und *Oberbergen* stammt von ALEXANDER SIWINNA. Der gebürtige Schlesier und passionierte Radrennfahrer gründete vor gut 30 Jahren den Radclub Opfingen. Wer die ein Kilometer lange, zwölfprozentige Steigung von Kiechlinsbergen hoch zum Paß hinter sich hat und dann von oben in die Vulkanöffnung des Kaiserstuhl hineinschaut, wird den Namen Texaspaß besser verstehen.

Wer aus Richtung Oberbergen hochkommt, also nicht durch den Wald, sondern durch die stehende Hitze am Pulverbuck, fühlt auch etwas Texas. Dabei liegt die Paßhöhe gerade mal 400 Meter über Meereshöhe, die 160 Höhenmeter aus Kiechlins- oder Oberbergen sind eine lösbare Aufgabe und der Blick von oben lohnt die Mühe: Wie eine offene Bühne liegt das Terrassenland vor einem. Die einzelnen Lagen übereinander gestapelt, fast wie im Weinregal.

Nicht nur für Radfahrer ist der Texaspaß ein Muß; auch Automobilsportler meinen, die Fahrt sei auf jeder Kaiserstuhltour obligatorisch. Dabei ist die Straßenverbindung zwischen dem Kaiserstuhlrand bei Kiechlinsbergen und der

Mitte in Oberbergen keine Selbstverständlichkeit. Lange lag Kiechlinsbergen im Talschluß (so wie der Endinger Ortsteil Amoltern noch heute). Nach den letzten Fachwerkhäusern war Ende, oder Waldweg. „Unterhaltener Fahrweg, für Personenkraftwagen nicht jederzeit brauchbar", steht in einer Landeskarte aus der Vorkriegszeit zum Weg nach Oberbergen. Jedenfalls weit und breit keine Straße erster Ordnung „mit Unterbau, für Lastkraftwagen unbedingt brauchbar", die den inneren Kaiserstuhl mit den Gemeinden am Nordrand und dem Landkreis Emmendingen verbunden hätte.

Die Kreisstraße 5127 über den Paß stammt aus der frühen Wirtschaftswunderzeit. Anton Dichtel, Freiburger Regierungspräsident und CDU-Urvieh durfte im Mai 1959 das Band an der befestigten Paßstraße durchschneiden. Seither genügt der Unterbau den gehobenen Ansprüchen von Lastkraftwagen, aber erst Jahre später – nach der Asphaltierung – denen von Rennrädern.

Der grandiose Querweg Schwarzwald-Kaiserstuhl-Rhein und der Katharinenpfad queren die Paßhöhe auf dem Eck. Von hier bieten sich sowohl in Richtung Mondhalde als auch in Richtung Katharinenberg-Schelinger Viehweide-Vogelsang Tourenmöglichkeiten an, welche die typischen Landschaftsbilder im inneren Kaiserstuhl erschließen (vgl. auch die Streifzüge 1 und 7, sowie die Karte hierzu auf S. 98-99). Das Dorf im Talgang, die Reben am Steilhang, darüber licht bewaldete Höhen.

Viehweide Schelingen/Imkerei und Hofladen: Der steile Taleinschnitt zwischen Schelingen und Oberbergen öffnet sich zwar nach Süden, aber vom heiteren Kaiserstuhlklima bekommt das Anwesen tief unten und weit hinten im eng geschluchteten Hessental nur im Sommer etwas ab. Ansonsten wirken die Wirtschaftsgebäude und das Wohnhaus wie ein Außenposten. Die Landwirtschaftspioniere Wolfgang Rath und Ramona Schneider haben sich hier vor 20 Jahren niedergelassen. Sie betreiben Imkerei, Schaf- und Viehzucht, Weidewirtschaft, auch Streuobstbau. Hinter der Liegenschaft steigt die 20 Hektar weite Schelinger Viehweide an. Die größte

Liebt den Magerrasen – Coridon Bläuling

Weide des Kaiserstuhls reicht hinauf bis zum Waldsaum am Wanderweg, sie ist seit 2012 als Naturschutzgebiet ausgewiesen. Weite Flächen liegen in einer Übergangszone zwischen Wald, krautigem Strauchsaum und trockener Mähwiese, sie sind deshalb besonders artenreich. Durch Wildobstpflanzungen und die Pflege von Streuobst wurde das im Kaiserstuhl einzigartige Biotop in den letzten Jahren weiter aufgewertet. Das Vieh – Rinder, Schafe, Ziegen und Nandus – kann hier ganzjährig draußen gehalten werden. Dank angepaßter Besatzdichte und gemischter Beweidung wird die Artenvielfalt auf der Viehweide gezielt gefördert.

Viehweide Schelingen, Hofladen und Imkerei Rath, 79235 Vogtsburg-Schelingen, Tel. 07662-1765. Hofladen-Angebot: Honigprodukte aus eigener Imkerei (verschiedenste Sorten, Honigwein, Honiglikör), Apfelsaft von Streuobst, frische Eier von den Hof-Hühnern (Grünfüßler, eine alte polnische Landhuhn-Rasse), je nach Jahreszeit Nüsse, Äpfel und Zwetschgen, Postkarten mit Motiven von der Viehweide. Der

Landmarke im inneren Kaiserstuhl – St. Roman in Altvogtsburg

Kiosk ist ganzjährig (soweit es die Witterung zulässt) offen, Kasse mit Wechselgeld steht bereit. Seit 2009 kümmert sich ein Verein um Erhalt und Weiterentwicklung des Biotops, seit 2012 steht die Schelinger Viehweide unter Naturschutz : www.verein-viehweide-schelingen.de

Ausgangspunkt Bahlinger Eck: Auch der Parkplatz an der Paßhöhe der Straße zwischen *Schelingen* und *Bahlingen* bietet einen guten Einstieg für Touren. Schon nach wenigen Schritten steht man im Biotop. Der Querweg Schwarzwald–Kaiserstuhl–Rhein, führt vom Parkplatz in Richtung Katharinenkapelle und gleich zu Beginn vorbei an blumenreichen Magerwiesen. Zur Blütezeit flattern Tagfalter. Geübte Augen entdecken auf den Böschungen zwischen den Rebterrassen auch mal die Samaragdeidechse (vgl. S 91), andere sehen sie nie), aber so ist das ja oft bei Naturbeobachtungen.

Touren ab Bahlinger Eck: Auch für eine Umrundung des Badberges wäre die Paßhöhe Bahlinger Eck der richtige Ausgangspunkt (Wanderwegkreuz: Bahlinger Eck Parkplatz auf 434 m, Karte S. 99). Das Naturschutzgebiet um die kahlschädlige Badberggruppe hat sich mit den Jahren zu einer Art Vorgarten für städtische Ausflügler gewandelt. Wald hat es auf dieser steppenkahlen

Kommt selten vor – der Badberg im Winterkleid

Trockeninsel wohl nie gegeben, allenfalls etwas Buschwerk. Der Name von Schelingen (Schelaue = Hengstaue) erinnert an die historische Waldlosigkeit des Badberges.

Die Wege über sanft geschwungene Magerrasen sind durchweg halbschuhtauglich. Das richtige Geläuf, sowohl für Wohngruppen mit Kinderwagen, als auch für meditatives Dahingehen oder Lagern, sofern sich beide Pole nicht zu nahe kommen. Zur Küchenschellenzeit im zeitigen Frühjahr kommt es mitunter zu prozessionsähnlichem Besuchsaufkommen. Außerhalb der Frühlingsmonate wirkt die bald bräunlich, dürre Wärmeinsel Badberg allerdings weniger ansehnlich, auch naturkundlich weniger ergiebig als andere Regionen im Kaiserstuhl. Die namensgebende Quelle, am Südfuß des Badberges schattig im Badloch gelegen, ist aber im Hochsommer einen kleinen Abstecher wert.

Die Filialkirche **St. Roman** in Altvogtsburg wird nur noch sporadisch für Andachten genutzt. Der Funktionsverlust paßt nicht so recht zur optischen Präsenz des Bauwerks. Gleich ob vom Badberg, von der Vogelsang Höhe aus, oder auch bei der Vorbeifahrt auf der Landstraße, die kleine klassisch-schlichte Kirche fällt unmittelbar auf. Sie wurde im späten 19. Jh. renoviert, im Inneren wertvolle Ausstattung. Schlüssel im Haus Altvogtsburg Nr. 5.

Christliche Kunst: Die sakrale Kunst am Kaiserstuhl erschließt ein farbig illustrierter Taschenband: **Kunst am Kaiserstuhl**, Hans-Otto Mühleisen (Hrsg.), Kunstverlag Josef Fink.

Tretbecken an historischer Stelle – Badlochquelle am Badberg

Die warme Quelle im Badloch: Organisierter Wellnessbetrieb ist für das alte Vogtsburg schon seit dem 14. Jahrhundert belegt, ein Dorf nebenan im Bötzinger Ortsteil Oberschaffhausen im „Gasthaus und Bad zum Rebstock“ noch bis ins 20. Jahrhundert. Das Vogtsburger Bad wird öfter in historischen Reiseführern erwähnt, auch im Bäderfahrtenbuch von Georgius Pictorius (Frankfurt, 1560). Ob das Badehaus direkt bei der Quelle oder im nahen Weiler Alt-Vogtsburg stand, ist so unklar wie das Datum des letzten Betriebs. Sicher wurde das Bad auch von der Freiburger Gesellschaft geschätzt, die hier die eine oder andere vergnügte Landpartie absolviert haben dürfte.

Angeblich ließ die Quellschüttung nach einem Erdbeben 1911 stark nach. 1926 wurde die Quelle im Badloch dann wieder gefaßt, das Tretbecken und der kleine, betonierte Pool stammen von 1975. Heute ist das versteckte Areal nicht mehr als ein schattiger Rastplatz – oder einfach ein kurzes Fußbad nach einer Runde um den heißen Badberg.

Eine Art öffentliches Privatbad – Freibad Oberrotweil

Das **Badloch** ist auf kurzem Weg direkt von der Landstraße 115 Oberbergen – Altvogtsburg aus zu erreichen (Parkplatz am Wanderwegkreuz: Badloch, 292 m), Zugang von dort in wenigen Metern zu Fuß.

Freibad Oberrotweil: Wesentlich komfortabler als im alten Badloch schwimmt man im Freibad am Ortseingang von Oberrotweil. Zu dem kleinen, unbeheizten Freischwimmbad und seiner zumindest außerhalb der Ferienzeit recht familiären Atmosphäre paßt eigentlich nur ein schüchternes Kompliment. Wer nach einer längeren Tour über die Höhenwege des inneren Kaiserstuhls in den Talkessel absteigt und hier eintaucht, hat alles richtig gemacht. Ich kenne einen leitenden Angestellten aus Freiburg, der auch anders könnte, an heißen Sommertagen aber extra raus nach Oberrotweil fährt, den Vormittag im versteckten Freibad vertrödelt, unter der Woche vielleicht in Gesellschaft von zehn, zwanzig anderen Gästen. Danach kehrt der geübte Schwerenöter im Rebstock zu Oberbergen ein und trinkt zum Mittagsmahl für gewöhnlich eine Flasche eines leichten Terrassenweines, der wird dann im weiteren Laufe des Nachmittags je nach Neigung und Temperatur entweder weggeschwommen oder weggedöst. Soviel zum Thema Lebenskunst im Kaiserstuhl. Bei guter Witterung geöffnet ab Mitte Mai zu üblichen Zeiten (beim Schwimmbad der gleichnamige Wanderwegweiser auf 235 m).

Gartenland Eichstetten

Selten wird kaiserstühler Grund so intensiv beackert wie hier und selten klingt es auf der Gass' so rustikal wie in Eichstetten

8 Gartenland um Eichstetten

Wer an einem hellen Sommertag durch das Eichstetter Oberdorf kommt, passiert Bauerngärten mit Stockrosen und Stangenbohnen. Hinter heuwagenhohen Torbögen wird gewerkelt, Traktoren kreuzen. Die ältere Bevölkerung trägt mitunter noch strapazierfähige Raiffeisen-Mode, was ja nicht von schlechtem Geschmack zeugt. Selten wird der kaiserstühler Grund so intensiv beackert wie hier und selten klingt es auf der Straße so rustikal wie in Eichstetten – die Landwirtschaft ist unmittelbar präsent. Auch Ihringen hat noch was vom Klang einer tätigen Landgemeinde, Eichstetten fühlt sich aber anders an. Erdiger, unmittelbarer – und zwar je weiter man dorfaufwärts kommt.

Mehr als einen Kilometer weit führt einen die Hauptstraße oder der Altweg vorbei an Hausgärten, Obstplantagen und zuletzt direkt in die Reben hinein. Fahlgrüne Fendt-Schlepper mit Spezialaufbauten zur Gemüsekultur tuckern durch den Ort, ein jeder hat was in der Hand. Weinberg, Gemüsekammer, eine Stiftung zur Kultur alter Landsorten, ein sorgsam kultivierter, öffentlicher Samengarten, daneben ein Obsthain mit alten Sorten. In Eichstetten hat der Werbespruch *Naturgarten Kaiserstuhl* Wurzeln geschlagen.

Eichstetten, Hauptstraße: blühende Hausfronten

Bürgersinn und Regionalwert: Überhaupt scheinen sich einige Bürger Eichstettens mit ihrer Gemeinde stärker zu identifizieren als üblich. Oberflächen-Heimattümelei und Frommtun ist das eine; wie gelebte Regionalität auch aussehen kann, bemerkt der Passant in Eichstetten im Kleinen und am Größeren: das Blumenhaus *Huck* kümmert sich auch um die angrenzenden Baumscheiben in der Hauptstraße, wo ohnehin noch manche Fassade das Selbstbewußtsein einer rührigen Landgemeinde ausstrahlt. Das prächtige Geschmiede an der Schlosserei Haug spricht hier ebenso für sich wie die Hausgärten im Lauf von Hauptstraße oder Altweg. Dazu passen der Dorfladen, die Demeter Käserei *Breitenwegerhof*, rege Bio-Gärtnerei und der Hofladen *Querbeet* (vgl. S. 116).

Was Engagement, Stiftungen und Projekte angeht, wurde das Gemeinwesen Eichstettens als beispielhaft ausgezeichnet. So kümmert sich eine Bürgergemeinschaft e.V. um soziale Belange, wozu auch das öffentliche *Café miteinander* in der Betreuungseinrichtung Schwanenhof gehört; dort gibt es Landfrauenkuchen, auch preiswerten Mittagstisch, RT: Mi.

Eichstetten, Hauptstraße: Landleben idealisiert

Auch die *Stiftung Kaiserstühler Garten* mit ihrem öffentlichen Schau- und Samengarten, sowie die 2006 gegründete, mittlerweile über 500 Mitglieder zählende *Bürgeraktiengesellschaft Regionalwert AG* sind mit Landbau und Ökologie in und um Eichstetten verbunden. Ihr Gründer, Vorsitzender und Promotor Christian Hiss, hat bislang 2,2 Millionen Euro an Aktienkapital eingesammelt, mit dem 19 ökologische Betriebsgründungen gefördert werden. Darunter auch die Demeter Käserei Breitenwegerhof (mit kleinem Hofverkauf). So gibt es gerade in Eichstetten für alte Losung gegen degenerative Zivilisationskrankheiten neue Anschauung: „Fegt den Hof, legt Gärten an, verkauft die Früchte der eigenen Arbeit.“

Andererseits ist auch Eichstetten kein Reinluftraum des Landlebens. Die Risse im Ortsbild erscheinen mitunter sogar ziemlich unvermittelt: Im oberen Teil der Hauptstraße, am Abzweig zur Luisenstraße, erfreut zunächst ein Bild von einem Bauergarten, nur ein paar Häuser weiter, linkerhand dann ein Wohngebäude in modern-neudeutscher Anmutung: Aus der Vollpflasterung mit Betonformsteinen erhebt sich die

Eichstetten, an der Hauptstraße: Fachwerk im Spiegel der Zeit

bunt gestrichene Dämmfassade mit Fenstern nach neuem Energiestandard. In einer Scheibe spiegelt sich das Fachwerk der Straßenseite gegenüber, hinter der zweiten sind Baumarkt-Orchideen zu erkennen. Nun auch in Eichstetten in enger Nachbarschaft: ein Bauerngarten und Obi-Orchideen.

Informationen, Veranstaltungen etc. auf den Internetseiten: www.kaiserstuehler-garten.de, www.buergergemeinschaft-eichstetten.de; www.regionalwert-ag.de

Am Rand des alten Oberdorfs bewirtschaftet die *Stiftung Kaiserstühler Garten* einen Schaugarten, er dient der Erhaltung und Kultur alter Landsorten (vgl. auch nächste Seite). Auf dem frei zugänglichen Gelände am oberen Ende des Altwegs werden vorwiegend alte Sorten kultiviert und vermehrt, ebenso auf der gegenüber am Bach liegenden Obstwiese (Obstmuseum).

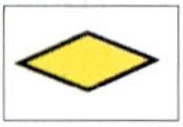

Touren: Die Eichstetter Schaugärten liegen zwischen dem oberen Dorfrand und den Weinbergen (dort ein Parkplatz, Wanderwegkreuz: Atrium, 222 m) – somit wäre von hier ausgehend eine naturkundliche Visite mit einer Runde durch das Reb-

Die Vielfalt regionaler Kulturpflanzen – Eichstetter Schaugarten

land zu verbinden. Die Rebhänge bei Eichstetten reichen weit hinauf in Richtung der 520 m hohen Eichelspitze. Der im Jahr 2006 gebaute 28 Meter hohe Aussichtsturm führt mit 127 Stufen in erhabene Panoramalage: der gesamte Kaiserstuhl und das Oberrheinland liegen ausgebreitet vor einem. Vgl. Karte S. 120

Vom Parkplatz beim Samengarten aus ist auch die 1,5 km lange Weiterfahrt zum Waldparkplatz am Fohrenbuck möglich (dort ein gleichnamiges Wanderwegkreuz auf 407 m), Zufahrt beschildert. Der Parkplatz liegt noch 1,2 km und gut 100 Höhenmeter unterhalb des Aussichtsturms Eichelspitze.

Eichstetter „Gelrüble" (Hochdeutsch: Karotten) sind auf den Wochenmärkten zu einer Marke geworden wie Munzinger Spargel, Buchholzer Erdbeeren oder Forchheimer Kartoffeln (zu diesen kommen wir später noch). So konnte sich speziell um Eichstetten noch eine kleinbäuerliche Struktur mit Sonderkulturen, Obst-, Wein- und Gemüseanbau halten, die anderswo im Kaiserstuhl einer Pendlerkultur gewichen ist. Bemerkenswert auch, daß zwanzig Prozent der Flächen ökologisch beackert werden, woran die geneigte Kundschaft im nahen Freiburg großen Anteil hat, auch der Hofladen *Querbeeet* an der Straße nach Bahlingen hat sich

Es grünt und wächst um Eichstetten – Hofladen Querbeet

als gut sortierte Quelle für ökologische Lebensmittel längst etabliert.

Stiftung Kaiserstühler Garten: Zwischen dem westlichen Ortsrand gibt es seit über zehn Jahren einen Saatgut- und Raritätengarten der Stiftung Kaiserstuhler Garten. Durch die Initiative lokaler Gärtnereibetriebe um den Demeterhof von Christian Hiss entstand hier ein Arbeitskreis für Agrarkultur und Regionalproduktion im weiteren Sinne. Man kümmert sich um die Erhaltung von alten Nutzpflanzen, seltenen Lokalsorten, somit um die Erhaltung eines gefährdeten Gen-

pools und die Vermehrung samenfesten Saatgutes. Neben dem Schaugarten mit einjährigen Nutzpflanzen gibt es Anlagen für ausdauernde Kulturpflanzen, Gewürzstauden und im angrenzenden Obstmuseum mehr als 50 Obstbäume und Beerensträucher; dazu Stationen, die über das Konzept der Saatgutinitiative informieren.

Die etwa einen halben Hektar große Anlage wird laufend ergänzt, sie ist für alle ambitionierten (Nutz-)Gartenfreunde eine Sehenswürdigkeit – besonders zur Zeit der spätsommerlichen Hauptblüte vieler Nutzpflanzen, es gibt auch Führungen. Man erhält dabei Anregungen zur Erhaltung und Vergrö-

Saatgut ist Kulturgut – regionales Samenangebot in Eichstetten

ßerung der Sortenvielfalt auch im eigenen Garten.

Die Anlage ist nach Themen gegliedert (u.a.: Grundtypen, Nutzpflanzen, Raritäten etc.); allein Sortenvielfalt und Anbautechnik zum Thema Tomaten (kultiviert werden ca. 40 Sorten) – sowie Gemüse – wäre einen Besuch wert. Auch im Ortskern Eichstetten sind einzelne Hofgärten als sehenswerte Bauerngärten markiert.

Stiftung Kaiserstühler Garten/Saatgutinitiative: Schaugarten am westlichen Ortsrand, Altweg 129, Tel. 07663-932313. Information über Veranstaltungen, Führungen, sowie zum aktuellen Stand der Saatgutgewinnung, Projekte, Newsletterabo auf der informationsreichen Webseite der Stiftung: www.kaiserstuehler-garten.de.

■ **Hofladen Querbeet** (Demeter Gärtnerei Feldmann), Bahlinger Str. 15, 79356 Eichstetten, Tel. 07633-3630, bestens sortierter Hofladen mit freundlichen Leuten, die ebenfalls im Sinne der lokalen Stiftung Kaiserstühler Garten wirtschaften. Im Angebot auch Sorten und Saatgut aus dem Samengarten der Stiftung, alte Landsorten wie Vulkanspargel und Zichorien. Im Frühling regelmäßig Pflanzenmarkt mit besonders großer Auswahl an Setzlingen, darunter auch ein Sortiment von samenfesten Tomatenpflanzen, sowie ebensolche Sämereien. Bemerkenswert gutes eigenes Hofbrot, Eichstetter Käse. Geöffnet: Mi, Fr 14.30-18.30, Sa 8.30-12.30 Uhr.

„Alt-Ochsenwirt und Wirtin bei Heuernte, 1954" (Motiv im Ochsen)

Gastronomie – es war einmal: Der *Ochsen*, das Traditionshaus am Platz, wehmütig denkt man an die sorgfältige Küche, die feinen Maultaschen, an den Freisitz im Innenhof des historischen Anwesens. 2013 konnte anstehende Nachfolgefragen nicht gelöst werden, derzeit steht das Haus zum Verkauf, bzw. zur Verpachtung. Zukunft offen.

GASTHOF REBLAND – Eichstetten. Ein nüchterner Zweckbau am nördlichen Ortsrand, von der Terrasse schweift der Blick über das Scheermättle, das mit den Salatfeldern und Hochspannungsmasten etwas weniger romantisch aussieht als es heißt. So ist der Platz schon von der Anmutung her eine Adresse für Pragmatiker mit kräftigem Appetit – das „Riesensteak" wird auf dem Holzbrett serviert. Es gibt ein rucolafreies Angebot mit den Abteilungen: Salatvariationen, Vesper, Toasts, Kurzgebratenes aus der Pfanne, Pfannenkuchen, Vesper. Eine unkomplizierte Küche mit großzügigen Portionen. Unter der Woche preiswerter Mittagstisch, am Wochenende Großfamilien und Pensionisten im Angesicht der gebundenen

Eichstetten am Rande: Salatfelder und Strommasten

Sahnesauce. Typische Gerichte wären Zigeunerspieß, Rostbraten, Rumpsteak mit Kräuterbutter, Filet-Topf.

Gasthof Rebland, 79356 Eichstetten, Nimburger Straße 15, Tel. 07663-2511, RT: Do und Sa bis 17 Uhr. ♣ Terrasse, Preise: günstig. 12 Gästezimmer.

Von Eichstetten auf die Höhe: Die Wanderparkplätze westlich von Eichstetten, zwischen Reben und Wald gelegen, erschließen das Terrain um den viel besuchten Aussichtspunkt *Eichelspitze* (520 m, Aussichtsturm, im Bild links in der Mitte zu sehen). Auch zum grandiosen Höhenweg am Haselschacher Buck läuft man vom *Waldparkplatz Fohrenbuck* in einer guten Viertelstunde: auf bequemem Weg, ansteigend durch schönen Laubmischwald.

Selbst zur Baum- oder Orchideenblüte, wenn am Vogelsangpaß bei Bötzingen die Parkflächen mit Autos voll gestellt sind, gibt es oben am Fohrenbuck selten Gedränge. Ein alternativer Ausgangspunkt liegt wenig weiter nördlich Richtung Löcherntal (Waldparkplatz, Wanderwegweiser: Käferholz,

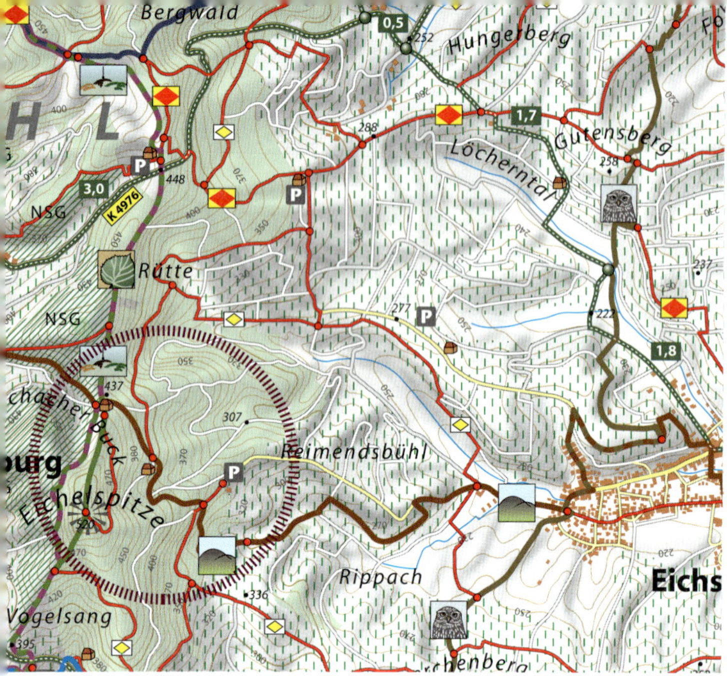

328 m). Ein Grund mehr, mal über Eichstetten, statt immer nur vom Vogelsang aus loszulaufen. Wer möchte mitten im Kaiserstuhl schon auf Artisten treffen, die zur Trommelstunde auf den Badberg ausrücken?

Wanderparkplätze bei Eichstetten: Geteerte Wirtschaftswege führen über das Oberdorf zu den genannten Touren-Ausgangspunkten: einmal zum Wanderparkplatz Fohrenbuck unterhalb der Eichelspitze (Zufahrt beschildert: Aussichtsturm Eichelspitze). Weniger besuchte Wanderparkplätze werden von Eichstetten über das Pfaffental erreicht (Waldparkplatz Käferholz 328 m, bzw. Löcherntal).

Beide Ausgangspunkte bieten schon bei der lohnenden Auffahrt Sicht auf Rheintal und Schwarzwald, selbst bei Wanderwetter weniger Rummel als um den eingangs erwähnten Vogelsangpaß bei Bötzingen. Von beiden Waldparkplätzen kann man entweder am Saum zwischen buchenbewalde-

Links und rechts der Landstraße – bei Eichstetten

ten Höhen und Rebhängen lang wandern, oder – nach fast obligatorischem Besuch des Eichelspitze-Turms – einen der Panorama-Querwege ansteuern: Der Querweg Schwarzwald-Kaiserstuhl-Rhein führt lohnend über Kaiserstühler Kammlagen (wie ausführlich auf den Streifzügen Nr. 1 und 6 beschrieben).

Radtour: Von Bötzingen über Eichstetten nach Bahlingen auf dem Radweg, keine zehn Kilometer, aber was für welche: erst am mäandernden Mühlbach, dann am Mühlkanal entlang, mit Schattenplätzen und Ruhebänken, mit Blick auf Obstkulturen, Schnittblumenfelder und Gemüsegärten. Ideal zum Gondeln durch Kaiserstühler Kulturland, vgl. hierzu auch Adler-Mühle Bahlingen, Streifzug Nr. 10.

Der Weinberg als Landschaftspark

Zwischen Achkarrer Schloßberg und Himmel wären ein paar Promenaden der höheren Art: Südwestlage, Vogesenblick.

9 Achkarren, Schloßberg, Stüble

Zwischen einem Panoramaweg in den Reben und einer Nudelsuppenstube liegen manchmal nur ein paar Meter. Wobei die Nudelsuppenstube im Kaiserstuhl deutlich seltener vorkommt als Panoramaplätze und Naturlehrpfade. Vor lauter Wiedehopf- und Smaragdeidechsenweg fällt es im Kaiserstuhl manchmal schwer, noch eine Einkehr zu finden, in der bewährte Tugenden gepflegt werden – eine geklärte Fleischbrühe, ein Kartoffelsalat, ein taufrischer Salat, nur zum Beispiel.

In Achkarren wartet ein gemischtes Doppel in Form von *Schloßbergpanorama* und *Schneckenbergstüble*, aber nicht nur: *Michels Strauße* gilt als Flammkuchen-Pilgerstätte und Ausnahmeweingut, konventionelle Ansprüche werden vom Traditionshaus *Krone* in der Ortsmitte bedient. Und zwischen Schloßberg und Himmel wären noch ein paar Promenaden der höheren Art: Südwestlage, Vogesenblick und so. Achkarren hat keinen Kurpark, aber Parkwege.

Das Landschaftsmodell „Vulkanruine" wird in Achkarren noch anschaulicher als anderswo. Schon eine Runde um den Schloßberg genügt, um die geologische Sonderstellung der

Erste Lage – der Achkarrer Schloßberg

Landschaft zu erleben. Die kurze Stundentour durch die Reben hinauf zur 352 m hohen Bergspitze und zurück übers Naturschutzgebiet Ebnet bietet nicht nur große Rundumsicht, sie führt auch an geologischen Aufschlüssen vorbei: nackte Böschungen, an denen das blasig-dunkel-poröse Lavagestein noch seine magmaartige Schichtstruktur zeigt. Ein geologischer Weinlehrpfad informiert nebenbei über Weinbau-Bräuche, Böden und Sorten an der Achkarrer Spitzenlage. Die Bodentemperaturen der Vulkanverwitterungsböden am *Schloßberg* erreichen ähnlich hohe Werte wie im Ihringer *Winklerberg* – Schloßberg und Winklerberg gelten im Lagenmonoply der Winzer nach wie vor als Königsallee.

Anders als der Lößboden, der in heißen Jahren eher fette, als große Weine bringt, sorgen Vulkanböden für Mineralität, Tiefe und Klasse der großen Kaiserstühler Weine. Hier zwischen Lagen und Sorten dahingehend, paßt der ebenso

barocke wie treffende Satz aus Franz Schnellers »Brevier einer Landschaft« zur Figur des Kaiserstuhl:

Sie erhebt sich golden
aus dem Lößspeck der Vulkanruine.

Touren: Start des Achkarrer Weinlehrpfades am Ortseingang bei der WG (Wegweiser: Käppele, 225 m, vgl. Karte S. 50); es folgen ca. 30 Stationen auf der 2,5 Kilometer Wegstrecke. Eine Broschüre zum Themen-Pfad um den Schloßberg gibt es bei der WG, im örtlichen Weinbaumuseum, in Gasthäusern.

Pädagogik im Weinberg: Wie man alles übertreiben kann, zeigen einige Stationen des Lehrpfades: Eine der alten Lößhöhlen wurde mit Devotionalien vollgestellt – Brauchtümelei statt Heimatkunde. Auf dem Weg durch den schonend flurbereinigten Schloßberg bleibt man kaum 100 Schritte ohne naturkundlichen Beistand. Dank der Naturversteher von

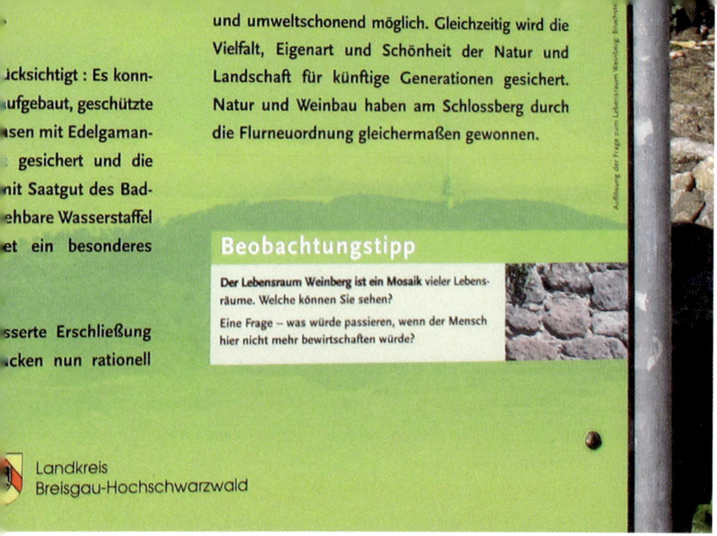

Amtl. geprüfter Beobachtungstip – am Achkarrer Schloßberg

Plenum wurde der Kaiserstuhl beschildert wie ein Freizeitpark: so gibt es Tafeln mit amtlichen Beobachtungstips zur Wahrnehmung von Trockenmauern und dergleichen mehr. Der stete Strom der Zuschüssen aus Stuttgart sorgte im Kaiserstuhl für narrensicheres Naturerleben. Wenn eines Tages die Zitronen auf dem Vulkanfelsen blühen, wird eine Themenachse nicht lange auf sich warten lassen.

Während einer Flurneuordnung wurden am Schlossberg vor knapp zehn Jahren 17 Grundstücke umgelegt, das Gelände ökologisch zurückhaltend modelliert, die Wegsituation verbessert. Notwendige Maßnahmen, um eine auskömmliche Bewirtschaftung sicherzustellen. Auf der Talseite gegenüber, zwischen Winzergenossenschaft und Castellberghütte, sind dagegen jene Großtaten zu sehen, die in der ersten Phase der Flurbereinigung Stand der Technik waren – mit Folgen wie Hangrutsch, Kaltluftseen, Pilzanfälligkeit, Qualitätsminderung. Gegen die fußballfeldbreiten Terrassen wirkt das Rebmosaik am Schloßberg mit den restaurierten Bruchsteinmauern regelrecht pittoresk.

Achkarren, wie liegst Du so schön – Blick vom Schloßberg

Auf dem Schloßberg-Gipfel: Weiter aufwärts, vorbei an Sonnenbänken und Aussichtsstellen wird in wenigen Minuten der Schloßberggipfel erreicht (Wanderwegkreuz, 352 m). Hier stand früher die Burg Höhingen, ein geschliffenes Symbol für die häufig wechselnde Machtkonstellation im Breisgau. Im 13. und 14. Jahrhundert war die Anlage im Besitz der Üsenberger, deren Stammsitz auf einer Rheininsel bei Breisach lag, dem Üsenberg. Nach dem Niedergang der Üsenberger wurde die Burg Höhingen während des Bauernkrieges im 16. Jahrhundert von Aufständischen ausgebrannt, später an den Markgrafen von Baden verkauft, der die Anlage wieder renovierte. Im 30-jährigen Krieg wurde die Burg dann erneut zerstört; um 1671 einigten sich Markgraf Friedrich und die Franzosen schließlich auf den Abbruch. Die Steine wurden auch zum Ausbau der Vauban'schen Festungsanlagen in Breisach verwendet. Reste der Burg wurden in Achkarren und Umgebung verbaut, wo man im engen und verwinkelten Ortskern noch heute auf das historische Baumaterial vom Schloßberg trifft.

Kreieren kulinarischer Köstlichkeiten – Krone in Achkarren

Kreieren in der Krone: Ansonsten hat Achkarren eine altbekannte *Krone,* deren Hausmitteilung im Netz berichtet: „Die Kunst kulinarische Köstlichkeiten zu kreieren liegt darin, Altbewährtes mit Neuem zu verbinden". Wer möchte da widersprechen, zumal das Kreieren im Haus schon so lange praktiziert wird: „Seit 1561 ist die traditionsreiche Achkarrer Krone mit badischer Frischküche und Kaiserstühler Spitzenweinen bekannt." Ein so lang zurück reichendes Erinnerungsvermögen beeindruckt durchaus, ebenso der unbekümmert getextete Hinweis: „Unser Haus verfügt über 23 Gästezimmer, damit man nicht nur „eine" weinselige Nacht unbeschadet überstehen kann."

Die Kronenzimmer haben elektrischen Fön, SKY und CNN, teils auch „Gartenanbindung" und natürlich „laden einladend gedeckte Tische zum Verweilen ein." Mein Verweilen in der Krone mag da Nebensache sein, es verschmolz jedenfalls zu einem durchwachsenen Gesamteindruck oder, um im Stil des Hauses zu bleiben: Ich habe alles unbeschadet überstanden.

Draußen sitzen ist in der Krone wirklich kurzweilig, von der

Vor dem Abstieg – Rastplatz am Achkarrer Frauental

Terrasse aus läßt sich gut beobachten, wie diverse Verkehrsteilnehmer die enge Oberachkarrer Ortsdurchfahrt meistern. Rheinländer Mercedeskapitäne und Kaiserstühler Schlepperfahrer sehen sich bis an die Grenzen gefordert, was auch für downhillende Radler und aufwärts strebende Reisebusse gilt. Die nicht flurbereinigte Ortsdurchfahrt von Achkarren verlangt jedenfalls Augenmaß und jeder Verkehrsteilnehmer tut gut daran, sich auf Eventualitäten einzustellen.

Abseits seiner krummen Magistrale zeigt Achkarren die von anderen kaiserstühler Randgemeinden bekannte Siedlungsstruktur, die auch ein Abbild historischer Machtverhältnisse ist: Am höchsten der Kirchturm, am betoniertesten die Winzergenossenschaft, dazwischen die engen Gassen der Gläubigen (an Gott und Oechsle).

Für Neubauviertel ist im engen Dorfgefüge wenig Platz und so führt der Siedlungsdruck zur Ausweitung der Ortsränder, die nun unmittelbar bis ins Rebland reichen. Dort heißen die Straßen zwar wie früher, also *Kappellenmatten*, *Winzerweg*

Flammkuchen & Burgunder – Michels Strauße, Achkarren

oder auch im *Kleegärtle,* aber sie sehen etwas anders aus, jedenfalls nicht mehr nach Kleegärtle, sondern mehr nach Vorgärtle und Carport.

Immerhin gibt es im Achkarrer Winzerweg mit *Michel* ein nahmhaftes Weingut und eine Straußenwirtschaft dazu. Das Anwesen wirkt auf den ersten Blick zwar funktional-nüchtern wie ein Aussiedlerhof der späten 80er Jahre, aber der Vogesenblick von drinnen kompensiert das allemal, und dann wären da noch krachdünne Flammkuchen, trockene Burgunder und Geselligkeit.

Weingut und Straußenwirtschaft MICHEL – Achkarren. Populär und qualitativ zuverlässig – Michel ist eines der beliebten Flammkuchenziele im Kaiserstuhl, zumal die Weine aus dem gleichnamigen Weingut weit über dem erwartbaren Straußenniveau liegen, etwa die bemerkenswerten bis herausragenden Weißburgunder. Ein Probierraum mit Weinverkauf ist in die Straußе integriert; auch die offen ausgeschenkten Konsumqualitäten gehen in Ordnung. Die dünnen, tatsächlich vom Teig weg selbst gemachten und nicht nur

Schloßberg, Reben und Kirchturmblick: Achkarren im Talgang

selbst konfektionierten Flammkuchen sind weit überdurchschnittlich, Schäufele mit hausgemachtem Kartoffelsalat gibt es immer am Samstag. Nach einer Schleife durch die Reben, an den großen Tischen der gemütlich ausgebauten Scheune zu hocken – mit herrlichem Blick nach Westen auf Rheinebene und Vogesen – ja, das hat was. Eine Vorzugsstraußе.

Weingut Michel & Straußwirtschaft, Winzerweg 24, 79235 Vogtsburg-Achkarren, Tel. 07662-429; während der Straußenzeit (in der Regel jeweils Mitte März bis Ende April, sowie Anfang September bis Ende Oktober) von Mi bis Fr ab 17 bis 23 Uhr, Sa schon ab 15 Uhr; von So - Di geschl., ♣ Terrasse vor der Strauße. Info zum Weingut, sowie aktuelle Öffnungsphasen der Strauße unter: www.weingutmichel.com

Noch ein Wort zum **Weingut Michel**: Aus einem ehemaligen landwirtschaftlichen Mischbetrieb und Traubenablieferer wurde unter Josef Michel ein mehr als respektables 14 Hektar Weingut, dessen Burgunder (weiß und rot) schon seit Jahren zu den ersten am Kaiserstuhl zählen. Betonung klassischer Sorten und Anbau in hervorragenden Lagen, darunter Achkarrer Schloßberg (Vulkanböden) und Castellberg (Löß), Ihringen Winklerberg und Munzinger Kapellenberg (Löß). Das Weingut mag noch nicht zu den allseits gefeierten Renommieradressen zählen, es ist aber ein offenes Geheimnis unter Referenzwinzern am Kaiserstuhl, daß Michel qualitativ zur ersten Liga gehört.

Kammerspiel der Regionalgastronomie – Schneckenbergstüble

SCHNECKENBERGSTÜBLE – Achkarren. Ein Retro-Stüble mit schüchtern, zurückhaltender Karte – statt großer Teller ein Kammerspiel der Stubengastronomie. Das Schneckenbergstüble ist wie es ist, ein Einraum-Gasthaus mit konventionellem Vesperangebot sowie „Grill- und Pfannengerichten" – in der Sparte „Überbackenes" hat sogar der Toast Hawaii überlebt. Was unscheinbar klingt, ist eine solide Küche, die schmeckt wie damals: Hausgemachte Suppen, darunter eine Nudelsuppe, die gut ist, weil jeden Samstag und Sonntag Suppenfleisch mit Meerrettich, Salzkartoffeln und Salat auf der Karte steht. Auch die ordentlich realisierten Schnitzel und Schäufele mit Kartoffelsalat gehören zu den sicheren Werten im Stüble. Köchin Hanni Engist künstelt nicht an und in, sie kocht einfach gut.

Besonders: Leberle (nur Fr und Sa), Schäufele mit Kartoffelsalat oder Suppenfleisch mit dreierlei frischen Wurzelsalaten (nur Sa und So); wenn es soweit ist, auch Saisonales: im Herbst Schlachtplattentermine. Die Weine kommen alle vom eigenen 8,5 Hektar Familien Weingut Engist, das seit 2010 vom Sohn und Enkel des Haus geführt wird. Die angebotenen Weine werden nur teilweise trocken ausgebaut, aber preiswert angeboten, auch die offen ausgeschenkten Kabinettweine und Spätlesen. Abgeklärter Service durch den Hausherrn.

Wenn es um den Fortbestand solcher Nischen geht, schaut man immer etwas ängstlich auf die Zukunft und den anstehenden Generationswechsel. Seniorwirt Engist äußerte sich im Sommer 2014 zumindest verhalten optimistisch. Zwei Jahre soll das Stüble unter seiner Ägide noch so bleiben wie es ist. Was dann wird, scheint derzeit offen. Ein Grund mehr für eine Achkarrer Landpartie zwischen Schloßberg und Schnekkenberg.

Schneckenbergstüble, Schloßbergstraße 66, 79235 Achkarren, Tel. 07662-6358, ♣ sehr rustikal-romantisch dekorierter Innenhof. Werktags ab 18 Uhr (im Winter ab 17 Uhr), Küche bis 22 Uhr; Sa ab 16 Uhr, So ab 11 Uhr, RT: Do, Nov bis März auch Mi.

Haus am Weinberg: Erst 2014 hat Gastgeberin Heidrun Maier das Garni-Hotel in einem Neubau-Wohnviertel am Ortsrand von Achkarren übernommen (vormals war hier der Standort der Ölmühle Fessinger, deren Verkaufslokal nun in Breisach ist, vgl. dort). Das Haus gehört nun zur Österreicher Vereinigung der Bio Hotels, womit seine Ausrichtung vorgegeben ist. Die elf Zimmer wurden bereits nach baubiologischen Aspekten renoviert und möbliert: Eichenparkett, geölte Vollholzmöbel, Bettwäsche ökologisch ausgewählt und gewaschen, ebenso das Frühstücksbuffet.

Die Gastgeberin bringt Erfahrungen aus der Bio-Branche mit, was Frau Maier aber vor allem mitbringt, ist ihre so unerschrockene wie zupackende Tatkraft. Das Wegschaffen scheint ihr ebenso vertraut wie der Spruch vom Leben als einer Baustelle. Wenn die gut läuft, können Gestaltungswille und Aufgabe zu einem gelungenen Ende kommen – bei Redaktionsende (kurz nach der Eröffnung) ist der Gast im Haus am Weinberg zwangsläufig noch mitten im Aufbauprozess. Was neue und besondere Hotel-Unterkünfte angeht, kann der Kaiserstuhl Initiativen jeder Art gut vertragen, auch deshalb wünscht man einen positiven Lauf.

Bio Hotel Haus am Weinberg, Heidrun Maier, In den Kapellenmatten 8 - 10, 79235 Achkarren, Tel. 07662-778; elf baubiologisch ausgestattete Gästezimmer.

Auch schon länger Geschichte – der Rebstock zu Bahlingen

Kein Tartar, keine Dunkili und der Miele-Laden
in der Kapellenstraße ist auch zu.

10 Alt und neu in Bahlingen

Vielfalt ist keine Domäne der Großstadt, auch in Bahlingen treffen die Kulturen aufeinander. Da wäre einmal das historiensatte Oberdorf: in der Kapellenstraße erinnern die repräsentativen Fachwerkfronten an die stolze Zeit der Ackerbürger-Dynastien. Aber es ist eine patinierte Pracht, deren hohe Zeit längst vorbei ist. Das große Geld wird heute nicht mehr im Oberdorf gemacht, sondern draußen im Gewerbegebiet. Auf den einst feuchten Riedwiesen längs der alten Dreisam wuchsen neue Produktionshallen und gleich nebenan beginnen die korrespondierenden Zone-30-Viertel mit Wendeplatte, pflegeleichtem Vorgarten und rückwärtigem Trampolin.

Männer, ein erfolgreicher Mittelständler und Spezialist für Spritzgußteile aus Kunststoff, hätte seinen Betrieb bestens verkauft, heißt es am Kaiserstuhl. Jetzt ist auf der Homepage unter dem Firmennamen ein dicker, blauer Strich zu sehen und darunter steht: SOLUTIONS FOR PLASTICS – a Business of BARNES GROUP INC. Wer nicht aufpaßt, dem macht die Geschichte mitunter keinen dicken blauen, sondern einen roten Strich durch die Rechnung. Dann geht es auch weiter, aber sicher nicht Badisch.

Vom richtigen Zeitpunkt – Kapellenstraße in Bahlingen

In der Kapellenstraße im Oberdorf haben einige Eigentümer den richtigen Verkaufszeitpunkt nicht so exakt getroffen, wovon manch' mürbe Fassade mittlerweile eben auch erzählt. Im guten, alten Rebstock gibt es schon seit Jahren kein Tartar und keine Dunkili mehr. Das nordkaiserstühler Traditionsessen mit Innereien, Sauschwanzeinlage und marmorierten Fleischmoggen klingt zu Zeiten des veganen Bekennertums ohnehin stark nach gastronomischem Totalschaden.

Aufwind und Abluft in der Kapellenstraße: Gehen wir ruhig noch etwas durch die Kapellenstraße: in einem stattlichen Fachwerkhaus, dem ehemaligen Kaufhaus Rubin, praktiziert nun eine Werbeagentur namens *Aufwind*. Dann und wann steht ein Graphiker auf der Straße und bläst die Abluft seiner Zigarette gen Himmel. Im Elektrogeschäft gegenüber klebt zwar noch ein ausgebleichtes Miele-Logo an der Tür, aber die Schaufenster sind längst ausgeräumt. Eine Agentur im ehemaligen Kaufhaus, Raucher auf der Gasse und trockengelegte Rebstöcke. Provinz kann manchmal auch ziemlich desillusionierend sein. Das mag auch denken, wer von oben, aus Rich-

Was könnte aus dem alten Dampfer werden – am Silberbrunnen

tung Schelingen über das Bahlinger Eck runter kommt. Meine Güte, was könnte aus dem alten Dampfer Silberbrunnen alles werden. Welche Chancen – und was ist? Ein Trauerspiel mitten im Naturgarten Kaiserstuhl.

In Bahlingen sehe ich noch einen Opa mit blauer Raiffeisen-Schildmütze und einen Jungen mit weißem Knopf im Ohr, ein paar Straßen weiter rollen Vorstadtmuttis in ihren glänzend schwarzen Panzern Richtung Neukauf. So ist das halt in Bahlingen und anderswo im Ländle. Alte Dickschiffe dümpeln, die Kirche steht im Dorf, für die Übertragung der heiligen Messe ins *Bierhäusle* ist aber Sky zuständig und längst spielt die Musik nicht mehr hinter altem Fachwerk, sondern weiter draußen auf der *Ponderosa*, auf der stattlichen Anlage des ambitionierten Oberliga-Fußballclubs SC Bahlingen.

Zu berichten wäre noch vom Wandel der Landgasthöfe zu Eventgasthöfen. Wo Speckgürtel wachsen, gibt es keinen Sonntagsbratenmehr, sondern Events. Also ist auch das Bahlinger Lamm kein sortenreiner Landgasthof, sondern eine

Wundertüte für die wechselnden Vorlieben einer neuen Mitte. Die kulinarische Agenda verspricht im März „Frühlingserwachen & Live-Musik mit Bärlauchmenü", im Jahreslauf folgen dann Muttertagsbrunch und Kaiserstühler Genußkarussell, wenn es kälter wird Schlachtplatte, Klaviermusik & Kerzenschein. Man könnte an dieser Stelle mit JOHANN PETER HEBELS Moralin kommen: „Es allen Menschen recht getan, ist eine Kunst, die niemand kann." Oder man erinnert sich daran, daß es heute zu den Kulturtechniken gehört, auf einer allen recht gemachten Karte, das Richtige zu finden.

Nicht weit von der Ortsmitte, aber etwas abseits der Strömung das **Bahnhöfle** in der Bahnhofstraße. Keine Eventgaststätte im modernen Sinn, sondern mehr eine Milieugaststätte. Niemand muß da hin, aber jeder kann ins Bahnhöfle, zum Vesper, Feierabendbier oder open mind – Eingeborene wissen das längst. Wegen der Zugereisten und seiner etwas versteckten Lage steht das Bahnhöfle aber hier drin. Also kein Frühlingserwachen mit Live Musik, sondern Kaiserstuhl unplugged und dazu passend ein kleiner kulinarischer Kanon.

Bahnhöfle, Bahnhofstraße 7, Bahlingen, Tel. 07663-4365, RT: Mi, sonst 17.00 Uhr, So auch 10.00 bis 14.00 Uhr

Zum Bestand von Bahlingen gehört auch eine Mühle am Bach. Eine Mühle mit Geschichte, für die bis heute gilt: nie war eine gute Mühle wertvoller als heute. Nach aller Heißluft über kulinarische Trends und Reagenzglasküche, über Niedertemperaturgaren und Hochfrequenzkassieren, ist es auch mal beruhigend, von einem Institut zu erfahren, an dem Grundlagenarbeit verrichtet wird. Wenn es stimmt, daß „Saatgut ein Kulturgut" ist (vgl. Eichstetten), dient eine gute Mühle der kulturellen Grundversorgung. Eine gute Küche beginnt nun mal beim guten Brot. Ein gutes Brot mit Salzbutter, ein paar frische Nüsse und ein Glas trockener Silvaner. Noch Fragen?

ADLER-MÜHLE – Bahlingen. Wo der Mühlbach aus Eichstetten nach Bahlingen kommt, steht seit 77 Jahren die Adlermühle. Nicht nur die Geschichte, auch das Angebot im freundlich-hellen Mühlenladen ist etwas Besonderes. Es gibt

Mehl aus erster Hand – Adler Mühle, Bahlingen

eine große Auswahl an Mehl-, Schrot-, Dunst- und Griessorten für schier jede Back- oder Küchenaufgabe, dazu Mühlenprodukte, Flocken-Mischungen etc. Im Zentrum des Angebotes stehen aber die klassischen Basisprodukte, dazu kommen bewährte Hausmischungen, darunter auch Spezialitäten wie *Pizzamehl* und ein helles *Brotmehl Type 700.*

Mühle, Mehl und Haltung: Wein ist nicht gleich Wein und Mehl ist nicht gleich Mehl. Die unerheblich höheren Kosten für ein Spitzenmehl von etwa 25 Cent je Kilo werden durch bessere Backergebnisse mehr als belohnt – wer nur einmal mit Mehl aus einer guten Mühle gebacken hat, wird nie mehr zu Allerweltsmehl aus dem Supermarkt greifen. Wer mit so einem Spitzenmehl bäckt, hat mitunter regelrechte Aha-Erlebnisse von der Art: „So etwas habe ich noch nie in den Fingern gehabt."

Jedes Mehl, auch das reine Weizenauszugsmehl der Type 405 besteht aus einer Mischung von mehreren, aufeinander

Nur das Beste kommt in die Tüte

abgestimmten Weizensorten. Die Cuvée der Sorten mit ihrem unterschiedlichen Stärke- und Klebergehalt, mit besonderen Mahl- und Backeigenschaften ist unerläßlich, um konstante Backergebnisse zu ermöglichen. Außerdem sind bereits beim Einkauf des Getreides die teils erheblichen Qualitätsunterschiede zu beachten. Welchen Feuchtegehalt hatte das Korn bei der Ernte, wie waren die Böden, war der Reifegrad optimal oder war es eine Noternte, Fäulnis, Pilze etc. Wie schnell und wie intensiv wurde das Korn ausgemahlen, auf welchen Maschinen?

Gutes Mehl ist das Resultat einer langen Prozeßkette, zunächst beim Landwirt, dann beim Müller. Prozesse lassen sich steuern, in Richtung viel und billig, oder optimal und nicht ganz so billig. Es gibt Mühlen, die mahlen das Korn bis auf's Letzte aus, andere lassen viel übrig. Allein der Ausschuß an Kleie kann zwischen 5 und 20 % liegen, Qualität kann somit nicht billig sein. Der selbstbewußte Müller sagt: „Je teurer das Mehl, desto besser." Ein paar Cent mehr für ein Kilo bestes Mehl spielen beim Backen aber wirklich keine Rolle. Es gibt also nur ein Fazit für Eigenbrötler: kaufen Sie das Mehl bei einem Spitzenproduzenten und genießen Sie den Mehrwert!

Und wenn es dann eine Mühle wie die *Adlermühle* in Bahlingen ist, dann beginnt die sinnliche Freude am Backen schon beim Einkauf im Mühlenladen. Die beiden Adler-Müller *Linus Spiegelhalder* und *Dr. Hubert Gilly* bringen diesen Erkenntnisprozeß so schlicht wie treffend auf den Punkt, wenn sie sagen: „Wer einmal bei uns gekauft hat, kommt wieder." Alles weitere, nützliche Informationen zu Mehltypen, Backeigenschaften etc. auf der Homepage der Adlermühle.

Adlermühle Bahlingen (am Kaiserstuhl), Eichstetter Straße 3, 79353 Bahlingen. Tel. 07663-91 47 77.

- Öffnungszeiten: Mühlenladen von Mo bis Fr 8.30 durchgehend bis 19.00 Uhr, Sa 8.30-13 Uhr. Info und Versand: www.adler-muehle.de. Marktstände in: Kirchzarten (Fr) und Freiburg-Stühlinger (am Samstagvormittag).

Selbst Backen: Auf der Homepage der Adler Mühle wird auch – völlig zu Recht – auf eine interessante und seriöse Selbst-Back-Seite verwiesen. Auf **www.brotdoc.com** berichtet der Münsterländer Mediziner und Hausarzt Dr. Björn Hollensteiner über seine Brotbackleidenschaft. Auf seiner Internetseite sind über 100 praxiserprobte, alltagstaugliche Rezepte (für Hefe- und Sauerteigbrote (Weizen & Roggen), Klein- und Feingebäck, Pizzateig, Spezialbrote), auch anschaulich-anregende Fotos, Fototutorials und Hintergrundinformationen zum Thema Brotbacken und Verfahrenstechnik für Laien.

Besonderen Wert wird dabei auf die Alltagstauglichkeit und Umsetzbarkeit der Rezepte gelegt. Zugleich zeugen die Rezepte und verständlich ausgeführte Grundlageninfos von einer Durchdringung der Materie, die weit über das oft kreuz, quer und falsch abgeschriebene Hobby-Backbuchwissen hinausgeht. Dankenswerterweise warnt Hollensteiner auch vor vielen Backirrtümern und verweist immer wieder auf die Bedeutung einer langen Teigruhe bei niederen Temperaturen. Unter der Flut der Hobby-Backbücher empfiehlt Hollensteiner nur eines rückhaltlos: LUTZ GEISSLER: Das Brotbackbuch, Ulmer Verlag.

Historisches Doppel – Lachsfang und Dampfschiffahrt

Kultur- und Belagerungstechniken zu beiden Seiten des Rheins haben sich geändert und es ist gut so.

11 Ungleiches Paar: Breisach & Burkheim

Die Idylle mit Raddampfer und Lachsfischern trügt – früher war alles noch viel schlechter. Gerade in Breisach am Rhein, wo über die Jahrhunderte Erbfeinde aufeinander trafen: „Immer wieder entstand eine neue Stadt auf den Trümmern einer zerstörten“, heißt es in Geschichtsbüchern so schrecklich wie nichtssagend zum Schicksal der Frontstadt Breisach.

Auch die „Wechselfälle der Geschichte“ werden beim Thema Breisach immer wieder bemüht. Zu den Wechselfällen gehörte mehrmaliges Belagern, Aushungern, Anrennen, Zerschießen. Heute kommen die Franzosen vorzugsweise nach Breisach, um stangenweise Zigaretten zu bunkern, beim Discounter einzukaufen, gerne auch zu einer typisch deutschen Kaffeestunde mit Sahneschnitte. Die Belagerungstechniken zu beiden Seiten des Rheins haben sich grundsätzlich geändert und es ist gut so.

„Sie können ihren Hunger auch nicht mehr mit den krepierten Pferden sättigen“, heißt es nach dreimonatiger Belagerung, als Breisach gegen Ende des Dreißigjährigen Krieges an die Schweden ging. Darauf folgte eine Reihe weiterer

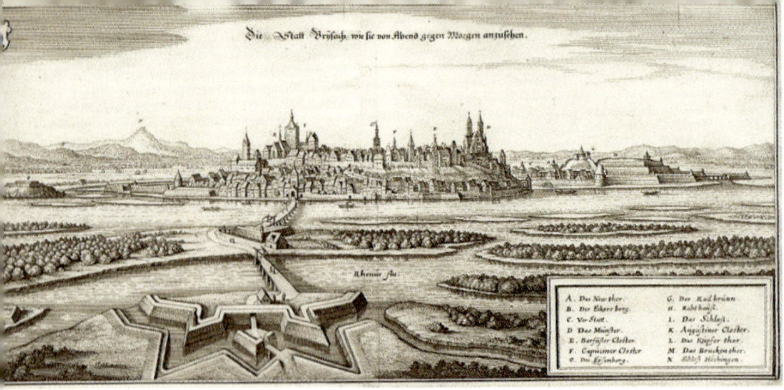

Über Jahrhunderte befestigt, belagert, zerstört: Breisach

Wechselfälle mit Genußkarussell Krepieren: Holländischer Krieg, Pfälzischer Raubkrieg, Spanische Erbfolgekriege. Das alles hört sich heute historisch und sehr fern an, die Folgen für die ehemals freie Reichsstadt Breisach waren aber real.

„Der Krieg quälte sich in grauenvoller strategischer Leere dahin", heißt es über den Pfälzer Krieg lapidar. Französische Truppen nutzten damals die Festung Breisach als Pforte zur Verwüstung der Oberrheinebene elf Jahre lang. 1793 wird die „Felsenstadt" Breisach wieder mal vollständig verwüstet, das St. Stephans-Münster mit Martin Schongauers Darstellung vom *Jüngstem Gericht* wird getroffen, aber das einmalige Wandbild bleibt erhalten.

Brückenkopf und rettendes Ufer: Auch im Zweiten Weltkrieg lag der Brückenkopf Breisach unter Feuer. Als Hitler im Mai 1939 die Anlagen des neuen Westwalls inspizierte, kam er nach Breisach. Vom Münsterplatz aus ließ er sich die tief gestaffelten Verteidigungsanlagen der Maginotlinie erklären. Schon wenig später, im Juli 1939, gab der Reichsluftschutzbund an alle „Volksgenossen" Gasmasken aus. Ende August wurde der zivile Zugverkehr über die Rheinbrücke eingestellt und Truppen zogen in die nahen Westwallbunker ein.

Kurz nach Kriegsbeginn lagen sich deutsche Infanterie in den Bunkern im Rheinwald und französische Verteidiger der

Gedenkstein am Münsterberg

Maginotlinie auf 200 Meter Distanz gegenüber. Am 15. Juni 1940 setzten die Deutschen dann über den Rhein, bereits eine Woche später standen sie auf dem Vogesenkamm. Auch beim deutschen Rückzug lag der Übergang Breisach mitten im Geschehen. Alliierte Fliegerangriffe ab 1944, vom Januar 1945 an lag die Stadt unter stetem Artilleriebeschuß. Die Räumung der letzten Zivilbewohner wurde am 2. Februar 1945 angeordnet, zwei Tage später begann ein 24-stündiges Trommelfeuer: „Zeitweise nahm das Artilleriefeuer die Geschwindigkeit eines Maschinengewehrfeuers an (...) Es gab kaum ein Haus, das nicht durch Einschläge beschädigt oder völlig zerstört war." Über den Brückenkopf Breisach konnten in den letzten Kriegsmonaten immerhin Hunderttausende deutsche Soldaten über den Rhein zurückkommen. Die Stadt bezahlte damit, ähnlich wie Neuenburg im Süden, mit ihrer Zerstörung.

Designerhäuser am Münsterberg,
Möven am Ufer, Franzosen in den Cafés

Von seiner Vergangenheit merkt man Breisach nichts mehr an. Der rege Grenzverkehr sorgt allerdings für einen ziemlich unromantischen Umtrieb, besonders um den Marktplatz, wo der Bus- und Ausflugstourismus für Rüdesheimer Verhältnisse sorgt. Die Landstädtle-Idylle wie im Kaiserstuhl oder gar

Viele Wege führen, viele Busse kommen: Breisacher Münster

in Burkheim, mit seinem ganzkörpergeflasterten Ortskern, findet man hier nirgends. Windjackenpensionäre und Einkaufstouristen bevölkern Supermärkte und Straßencafés, die Discounter haben sich am nördlichen Ortsrand positioniert. Selbst die zugewanderten Neubürger aus den eurasischen Steppen finden bei spezialisierten Sortimentern vertraute Konserven, eingelegte Gurken, Kaviar und noch manches mehr. Im Restaurant Mandarin am Marktplatz können wiederum mitteleuropäische Zungen bis in die Geheimnisse der Sechuan Küche vordringen (dank Position 201), Peking und Mandarin geht aber auch.

Breisach ist offen für jeden und alles, müßte es heute heißen. Offen für Grenz-, Schiffs- und Busverkehr, für die „vermutlich beste Currywurst der Welt", die in der Rheinstraße versprochen wird, aber dann – nur ein paar Häuser weiter – wieder so interessante heimische Angebote wie das der Ölmühle *Fessinger*, wo kalt gepresste Speiseöle, hausgemachte Essigsorten und Brotaufstriche fein präsentiert ausliegen. Die Welt rückt zusammen in Breisach, kaum hundert Schritte zwi-

Kalt gepresst, ansprechend präsentiert: Ölmühle Fessinger

schen Sechuan Platte, Currywurst und schonend gepresstem kaiserstühler Walnußöl.

Wem bei all der multikulturellen Vielfalt zwischen Marktplatz und Neutorplatz die Übersicht abhanden kommt, der könnte mit einem Rundgang in die befestigte Oberstadt ausweichen. Der Münsterberg ist Aussichtsplattform und Panoramawohnlage in einem. Zwischen den umkämpften historischen Mauern steht längst das eine oder andere Designerhaus, was durchaus anregend aussehen kann. Nach all der winkligen, heilen Winzerwelt im nahen Kaiserstuhl sorgt ein Rundgang durch Breisachs Oberstadt für frische Gedanken. Zentraleuropas Wandel vom notorischen Kriegsgebiet zum fett gewordenen Wohlfühlländle und über allem ein Sakralbau der Extraklasse – anschaulicher verdichtet als bei einer Runde Breisach downtown und Münsterberg läßt sich der europäischen Geschichte nicht nachgehen.

Breisach ist nicht Kaiserstuhl. Wer Vogelstimmen, Orchideen und Naturerleben sucht, kann ruhig einen Bogen um die quirlige Grenzstadt machen. Andererseits gibt es nur hier eine

Letzte Tankstelle vor dem Ufer – Restaurant am Rhein, Breisach

ziemlich einzigartige Partie direkt am Wasser. Und so was wie die Multifunktionsgastronomie des *Restaurants am Rhein* gibt es ohnehin kein zweites Mal in Südbaden. Vom Flammkuchen über den Uferhock bis zum Absacker geht hier alles. Dazu kreischende Möven und Brackwasserduft. Kaiserstuhl maritim, ganz ohne Winzerseligkeit könnte ja auch mal ein Kontrastprogramm sein.

RESTAURANT AM RHEIN – Breisach. Ein klassenübergreifender Treff mit unkomplizierter Atmosphäre vom Sektfrühstück über Tagesessen und Tresen-TV bis zur späten Flasche Burgunder, auf dem Freisitz ist der Wellenschlag inklusiv – solche All-in-one-Gaststätten gibt es sonst eher am Rande südeuropäischer Großstädte oder an der Biegung großer Flüsse. In Breisach macht der Rhein zwar keine Kurve, aber das mehrsprachige offerierte Angebot steht auf der abwaschbaren Karte und es bedient die regionalmediterranen Wünschen der Gäste. Ein Konzept, so offen wie der Horizont am Rhein und der Erfolg spricht für sich. Im „Jacky“ geht schier alles, von

Lange her – Wandbild im Restaurant am Rhein, Breisach

Bikertreff bis Händchenhalten, von Wurstsalat bis Hummercreme, von andalusischen Garnelenpfännle bis Flammkuchen. Französische Miteuropäer fühlen sich dank Escalope tzigane und forestière auch wie zu Hause. Biere von Riegeler im Steinkrug bis Desperados, Weine zu fairen Preisen vom Badischen Winzerkeller bis zu Renommier-Weingütern wie Heger, Keller und Salwey.

Falls es zum Sundowner am Rheinufer mal ein ordentlicher St. Emilion sein darf, oder zum ersten Scheidungstag ein Fläschle Bollinger, wäre auch das zu bekömmlichem Tarif möglich. Außerdem: Wo sonst am Kaiserstuhl gibt es Schiffsverkehr und eine Flasche Silvaner Kabinett für 13.50 Euro? Speziell an warmen Sommerabenden und bei näher kommender Zimmerdecke einen Abstecher wert.

Restaurant, Bier- und Weinstube am Rhein, 79206 Breisach, Hafenstraße 11, Tel. 07667-1023, tägl. ab 9 Uhr, Tagesessen von 12 bis 14 Uhr. Preise: günstig-mittel. ♣ Die einst besondere Stimmung auf dem Freisitz nahe der Uferpartie hat sich durch einen dort angelegten Kinderspielplatz verändert.

Holzofenbrot an der Bundesstraße – Rothaus Hofladen

Ölmühle Fessinger: Zum Kernsortiment gehören die ausschließlich selbst und schonend (hydraulisch) kalt gepressten Speiseöle, sie stammen, soweit möglich, aus heimischen Saaten. Diese Öle eigenen sich für die kalte Küche und sollten nicht über 120 Grad erwärmt werden Wichtige Sorten: Walnuß, Haselnuß, Kürbiskern, Sonnenblumen, Raps, Mohn, Leinsamen; weiter im Sortiment: hausgemachte Essige, Sirup, Senf, Brotaufstrich, Geschenke – alles engagiert erklärt und präsentiert in ansprechender Umgebung. Zudem ist die Öl-Pressung von Nüssen aus eigener Anlieferung möglich. Das Ladenlokal liegt in zentraler Lage in Breisach, Rheinstraße 16, Tel. 07667 - 207 11 84.

Rothaus Holzofenbäckerei und Hofladen bei Breisach. Lohnend besonders wegen dem breiten Holzofen-Brotsortiment (aus dem Bioland-Mehl der Dachswanger Mühle, Umkirch), darunter Natur-Sauerteigbrote am großen Laib gebacken, entsprechend aromatisch und haltbar, außerdem gibt es Mischbrot, Dinkelbrote, Baguette, gute Seelen, auch Kleingebäck, Kuchen und Hefezopf. Neben dem Holzofen-Brotangebot bietet der Hofladen einen Querschnitt regionaler Agrarerzeugnisse, darunter auch Obst und Gemüse aus Biolandbau (teils geliefert vom Schambachhof bei Bötzingen); auch Fleisch vom Wildschwein, Damwild, Geflügel, Käse und Wurstwaren. Über alles gesehen ein breit sortierter Hofladen, verkehrsfreundlich an der frequentierten Bundesstraße gelegen. 79206 Breisach, direkt an der B 31, Höhe Gündlingen, Tel. 07667-91 29 66. Werktags 9 Uhr bis 18.30, Sa bis 16 Uhr; Stand in Breisach, Marktplatz: Sa-vormittag, Di-nachmittag: Neutorplatz.

Durch diese Gasse müßt Ihr geh'n – Burkheimer Mittelstadt

Burkheim und der Burkheimer See

Mehr Fachwerk und Kopfsteinpflaster auf so engem Raum gibt es nirgends am Kaiserstuhl – für Romantiker wäre Burkheim somit eine Pflichtstation. Mit seinem weitgehend verkehrsfreien historischen Kern, der Schloßruine, den idyllischen Terrassencafés und Devotionalienläden wirkt Burkheims Oberstädtle wie ein Schatzkästlein – und damit wie ein Kontrast zum nahen Breisach. Für eine Cafébesuch unter freiem Himmel oder den Einkauf im renommierten *VDP-Weingut Bercher* gibt es wenig Plätze im Kaiserstuhl, die mehr historische Atmosphäre bieten. Freilich sollte man ein Faible für's radikal Nette haben, kaiserstühler Alltag sieht jedenfalls anders aus.

Das historische Burkheim liegt etwas erhöht zwischen Kaiserstuhl und Rheinauen, aller Durchgangsverkehr bleibt vor den Mauern. Die Reste des dreigeschossigen Renaissanceschlosses, erbaut Mitte des 16. Jahrhunderts im Auftrag des Feldobristen Lazarus von Schwendi, stehen wie ein Wahrzeichen, allerdings zur Kulisse zerschossen. Das Zentrum Burk-

Kaiserstuhl mit Puderzucker – Städtle Café, Burkheim

heims wird von einer mittelalterlichen Marktstraße durchlaufen, Straßencafés, Galerien, ein Kaiserstuhl-Laden, diverse Trödler und geführte Nachtwächter-Rundgänge sorgen für Bummelstimmung wie selten im Kaiserstuhl.

Freilich wird es im alten Städtle manchmal auch anstrengend beschaulich. Wenn sich fidele Radler übers Kopfsteinpflaster schieben, wenn die Touristengruppe im Buckelbus, der entfernt an ein Biermobil erinnert, durchkutschiert wird, wenn Siebenachtelhosen zum Flammkuchen fassen im *Siebten Himmel* einlaufen, wenn Oma im liebst ausdekorierten *Städtle Café* noch ein Kännchen bestellt.

Aber dafür kann Burkheim sowenig wie Riquewihr oder Rothenburg. Es gibt nun mal Plätze, wo der historische Schmelz alles überstrahlt. Allein, die kulinarische Finesse gedeiht bekanntlich nicht zwingend auf historischem Pflaster. Daran sei erinnert, falls eine hausgemachte Spezialität wieder mal nach 450-Euro-Aushilfe schmeckt. Eine Ortsrunde lohnt aber allemal, die Suche nach gastronomischen Höhepunkten kann man sich sparen, was die Sache entspannter macht – auf den Terrassen wird das an solchen Orten Erwartbare geboten.

Small Talk am Burkheimer See

Wenn es um die Qualität selbstgebackener Kuchen, auch um Flammkuchen aus dem Steinofen und Vesper geht, würde ich im Lindenschatten des Städtle Cafés einkehren (vgl. unten). Zum nostalgischen sommerlichen Abstecher taugt somit Burkheim allemal. Und dann wäre ja noch der nahe Baggersee, der zu den schöneren im Umkreis gehört.

Städtle Café und Vesperstube, Mittelstadt 5, 79235 Vogtsburg-Burkheim, Tel. 07662-947697, ♣ malerische Terrasse zur Altstadt, Do bis Mo 11.00 Uhr bis 18.30 Uhr. RT: Di und Mi. Über dem Café werden drei Ferienwohnungen vermietet.

Korkenziehermuseum & Kaiserstuhl-Shop Burkheim: Sammlung in einer historischen Scheune mit ca. 600 Exponaten; angeschlossen ein Laden zum Stöbern in Kaiserstuhl-Devotionalien, Bildbänden, Wein-, Küchen-, Barutensilien etc., zentral am Laufsteg der historischen Mittelstadt, Haus Nr. 18, Öffnungszeiten Laden & Museum von April bis Dezember: Mi bis Sa 11 bis 18 Uhr; auch online-Versand, www.korkenzieher.de; www.kaisertuhlshop.de.

Burkheimer Baggersee: Anders als an den freizeitgerecht gestalteten Seen im Raum Freiburg, hat sich in der Rheinaue bei Burkheim noch etwas vom Charme ländlichen Badevergnügens gehalten. Eine Sommerfrische für Schlauchbootkapitäne und Großfamilien. Es gibt aber auch ruhige Zonen auf der Liegewiese, die direkt bis zum See reicht. Abfalleimer sorgen für eine gewisse Grundsauberkeit, die den wilden Badeseen im Oberrheingraben oft fehlt. Auch im Hochsommer beste Wasserqualität. Am Südwestteil des Sees wird noch Kies abgebaut, der auch direkt auf Lastschiffe am Rhein verladen wird.

Rheinprogramm: Die weitere Zukunft des Naherholungsgebietes und der Burkheimer Rheinauen hängt freilich vom aktuellen Stand der Baumaßnahmen zum integrierten Rheinprogramm ab. Durch den geplanten, teils schon laufenden Bau von Rückhaltepoldern und Überflutungszonen kann sich das Bild der Burkheimer Rheinauen in Zukunft verändern (vgl. auch „Integriertes Rheinprogramm" bei den Kaiserstuhl-Themen von A bis Z).

Radtouren im Auenwald: Die Zufahrt zum Baggersee ist auf einer geteerten Straße möglich, Abzweig von der Landstraße 104 aus Breisach, am Ortseingang (noch vor der Kreuz-Post). Bereits an der Zufahrt die beiden Wanderwegweiser: Badische Brücke/Steingrüngrund, 182 m), sie erschließen die Region zwischen Badesee, Rheinstadion und Stauwehr.

Lästig viel Betrieb am See herrscht nur zur Ferienzeit im Hochsommer, bzw. an entsprechenden Wochenenden. Parkplätze direkt bei der Liegewiese (Wanderwegweiser: Badesee Burkheim, 182 m). Die Schranke an der Zufahrt wird um 20 Uhr geschlossen, was Gelage verhindern soll. Kenner kommen ohnehin außerhalb der eigentlichen Saison. Oft kann man hier noch bis weit in den Herbst hinein schwimmen – eine ideale Erfrischung nach einer langen Tour durch die Reben. Bitte beachten: Der Zugang zu den im Naturschutzgebiet Rappennestgießen ausgewiesenen Uferpartien Richtung Kaiserstuhl ist verboten, dies wird mitunter durch Streifen kontrolliert (wer in den Schutzzonen lagernd angetroffen wird, zahlt Verwarnungsgeld).

Altrhein, Grand Canal und die Schlingenlösung

Tourenmöglichkeiten bietet einmal mehr der flußnahe *Rheinaueweg*. Er führt im Bereich um den Burkheimer See in beiden Flußrichtungen unmittelbar am Rhein entlang. Auf einer kurzen Passage zwischen Breisach und Burkheim ist der Strom hier ausnahmsweise nicht in Altrhein und Kanal geteilt. So strömt die gesamte Wassermenge vorüber; inklusive Boot-

Am Rhein bei Burkheim

und Schiffsverkehr. Ein fast maritimer Anblick, der ansonsten selten ist im oberbadischen Land, das seit den Versailler Verträgen mit Rheinteilung und Wasserentzug leben muß.

Durch den *Versailler Vertrag* von 1919 erhielt Frankreich das Recht, den Rhein von Basel flußabwärts bis nach Lauterburg für sich allein zur Energiegewinnung zu nutzen. Zwischen 1928 und 1960 entstand zu diesem Zweck der Rheinseitenkanal in verschiedenen Bauetappen. Die abgezweigte Wassermenge erreicht bis zu 1200 Kubikmeter in der Sekunde, der Strom fließt in einer neun Meter tiefen und 130 Meter breiten Betonwanne, genannt „Grand Canal d'Alsace".

Erst in einem Staatsvertrag von 1956 wurde für den Abschnitt zwischen Breisach und Straßburg eine sogenannte „Schlingenlösung" vereinbart. Hierbei wechseln Abschnitte mit Kraftwerk und Schleuse in einem Seitenkanal (der „Schlinge") mit Abschnitten, in denen das gesamte Rheinwasser wieder im alten Bett fließen kann. Durch den Einbau von Hilfswehren konnte das Grundwasser angehoben und der Wasserfluß im Altrhein verstärkt werden. So zeigen die Rheinauewälder flußabwärts von Breisach in einigen Abschnitten wieder den Zustand vor der TULLA'schen Rheinkorrektur.

Mitten drin – Oberbergen im Vollherbst

Wenn die Pendler weg sind, geben Schmalspurschlepper den Ton an. Mancher Rebbauer arbeitet hier seit 50, 60 Jahren selbst und ständig.

12 Im Herzen des Kaiserstuhls

Mitten drin wirkt der Kaiserstuhl atmosphärisch dichter als in den Randgemeinden, wo sich das Lokalkolorit mit dem des Rheintals vermischt. Im inneren Kaiserstuhl, in Oberrotweil und Oberbergen, in Bickensohl, Bischoffingen und Schelingen sind die Gassen meist schmal und die Reben immer nah. In einer alten Kaiserstuhl-Landeskunde heißt es über Bikkensohl: „In dem eng verbauten Dorf ist kein Platz für große Scheunen und Ställe. Hier waren Weinkeller immer wichtiger als geräumige Höfe."

Im Zentrum der Vulkaninsel hält sich selbst der Eigensinn besser, auch der positive. Wenn die Berufspendler weg sind, geben die Schmalspurschlepper den Ton an. Mancher Rebbauer arbeitet hier seit 50, 60 Jahren selbst und ständig. Auf dem Arbeitsamt gelten solche Leute als unvermittelbar.

In Oberbergen, an der Straße nach Kiechlinsbergen, gibt es einen Tante-Emma-Laden, der längst „Ihre Kette" heißt. Ab 7 Uhr gibt es dort frische Brötchen, Mittwochs ab 12 heißen Fleischkäse, außerdem „Glückwunschkarten für jeden Anlaß". Drinnen wird das Obst und Gemüse noch analog abgewogen, auf einer Bizerba-Waage. An der Eingangstür hing lange ein

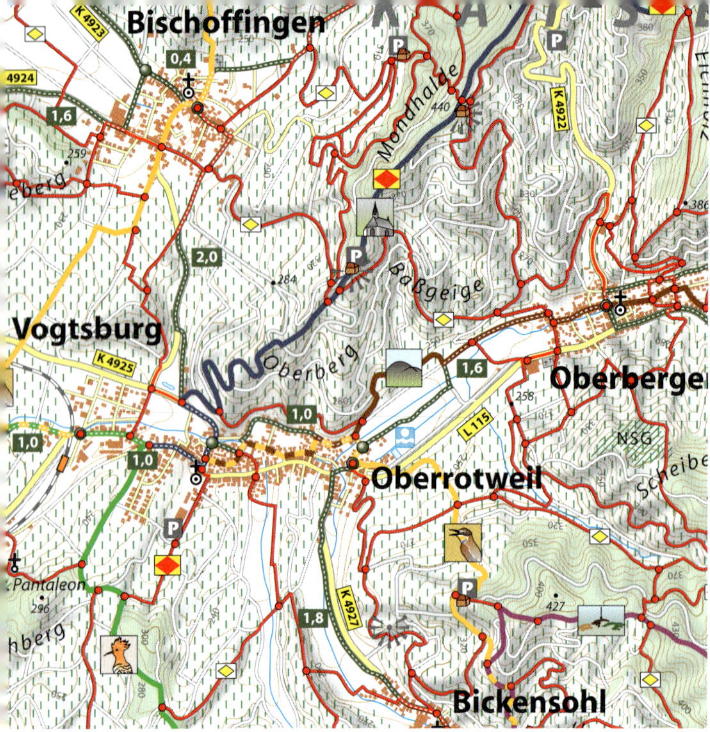

Zettel. „Fahr nicht fort, kauf am Ort.“ Ein paar Häuser weiter den Ort auswärts erscheint links ein metallenes Hinweisschild im Garten: „Wir verleimen Stühle.“

Warum also fortfahren, wenn die Exotik vor der Haustür beginnt? Spätestens im inneren Kaiserstuhl, wo sich die Kulturlandschaft noch mal verdichtet, fühlt man sich mitunter wie in einem Zwergstaat, auch sozial. In Bickensohl steht unter einem absoluten Halteverbotsschild: „Frei für WG-Kunden, Rathausbesucher und Feuerwehrangehörige.“ Das Verkehrsschild ist schon verblichen, die Gruppe der Privilegierten scheint mittlerweile auch etwas gestrig. Rathausbesucher, WG-Kunden und Feuerwehrangehörige klingt stark nach altem Westdeutschland.

Es soll aber keiner glauben, hinter dem Kirchenbuck höre die

Moderne zwischen den Rebzeilen – Weingut Abril in Bischoffingen

Welt auf. Es ist vielmehr so, daß manche Dinge im Schutz der Rebberge erst so richtig gedeihen. Die alten Dörfer mögen eng sein, aber im Außenbereich ist noch Platz für Neues. Auch die Formensprache von heute ist durchaus im Kaiserstuhl angekommen, zum Beispiel in Gestalt von modernen Weingütern. Die Neubauten von Abril bei Bischoffingen und Fritz Keller in Oberbergen sind auch als Antithese zur jahrzehntelang dominierenden Ruländer-Schnörkelei zu verstehen. Gebaute Ausrufezeichen im Weinberg – schaut her, nicht nur in der Rioja oder in Kalifornien setzt man auf den Bilbao-Effekt ikonographisch gestalteter Architektur. Auch am Kaiserstuhl geben sich nun Wein und Design die Hand.

Für Hosenträger-Sürpfler mag Abrils Neubau ein „Roschtkäschtle" sein, nach Jahrzehnten verlogener Wagenrad-Romantik und all dem klebrigen Ruländer-Biedersinn können ein paar klare Formen auch in Bischoffingen nicht schaden. Man denke nur daran, was Sparkassen, Volksbanken und Winzergenossenschaften in der bleiernen Zeit während der 70er und 80er Jahre den Ortschaften alles angetan haben.

Sitzt, paßt und hat Wein – Weingut Franz Keller

Man denke an den architektonischen Bandscheibenvorfall im Namen der Volksbank Ihringen, an den genossenschaftsverursachten Rebstock in Bickensohl, an den Steinbuck bei Bischoffingen und an all die Winzergenossenschaften, die bis heute aussehen wie ein Speditionsgebäude mit angetackertem Verkaufsraum.

Der Bauhausfreund Fritz Keller inszeniert sein neues Weingut am Ortsrand von Oberbergen als Analogie zu den gestuften Rebterrassen der Umgebung. Vom Verkaufsraum und der darüber liegenden Restaurantterrasse reicht der Blick auf die schmalen *Bödele*, jene kaum garagenbreiten Rebterrassen zwischen Badberg und Pulverbuck, auf denen der Weinbau selten dekorativ aussieht – jedenfalls für jene, die nicht am Hang stehen und arbeiten müssen.

Drinnen dann viel Sichtbeton, klare Kante und Durchblick auf die säulenhohen Edelstahltanks im Weinkeller. Bei der Weinbereitung wurde der aktuelle Stand der Kellertechnologie mit den alten Vorteilen der Gravitation vermählt: ganz oben kommen Trauben rein, unten reift der Wein, dazwischen

Zum Schunkeln ungeeignet – Weingut Franz Keller

sorgen Schwerkraft und helfende Hand des Kellermeisters für einen möglichst schonenden Lauf der Dinge. Flow im Weingut heißt heute nicht mehr Pumpen und Hetzen, sondern möglichst schonend Reifen lassen. Yogamatten werden aber noch keine ausgegeben.

Der funktionale Verkaufsraum ist alles, aber keine Kathedrale der Gemütlichkeit, zum Schunkeln werden solche Weingüter sicher nicht gebaut. Als Kundenleitsystem dienen Batterien eigener Gewächse, die zum Probiertresen führen. Etwas vom lausbubenhaften Charme des Bauherrn Fritz Keller ist freilich auch im neuen Weingut angekommen: oben gleich neben der Restaurant-Terrasse steht ein kleines Hühnerhaus und so kreuzen sich dort an Sommertagen die Wege von glücklichen Hennen und freilaufendem Service.

Pioniere einer neuen Architektur im Weinberg waren aber nicht die beiden Weingüter Keller und Abril; am Kaiserstuhl waren die kleineren Güter schneller: *Holger Koch* in Bickensohl und *Arndt Köbelin* in Eichstetten haben schon früh im neuen Jahrtausend mit emblematischen Neubauten für

Wein als Lifestyle-Exponat – bei Abril in Bischoffingen

Aufmerksamkeit gesorgt. Bereits Anfang der 90er Jahre des letzten Jahrhunderts baute *Karl Heinz Johner* ein neues Weingut an den Ortsrand von Bischoffingen – damals noch mit toskanischer Dachneigung und mediterranen Zitaten, aber durchaus eigenständig und selbstbewußt.

Imagetransfer ist ein langer Fluß und so hat sich die Formensprache moderner Weingüter in den letzten 20 Jahren zunächst eher zaghaft, später dann so radikal verändert wie Kellertechnik und Kundenansprache. Am Kaiserstuhl gehört der Wein seit jeher zu den Lebensgewißheiten, auf moderne Außenwirkung und prägnante Fassadengestaltung mag heute aber niemand mehr verzichten.

Am weitesten mit dem Storytelling ging wohl Abril, wo Flaschen und Motti wie moderne Reliquien päsentiert werden. „Frucht, Stein, Zeit" heißt es im Verkaufsraum, der in seiner Nüchternheit an ein USM-möbliertes Büro erinnert. Ein gemütliches Eckle zum Probieren sucht man hier natürlich ebenso vergebens wie eine weinaffine Gastronomie. Eine radikale Reduktion im Verkaufsraum, die sich je nach Neigung

Old style – Bar und Kaminzimmer im Schwarzen Adler, Oberbergen

als Konsequenz oder vertane Chance verstehen läßt. Ich jedenfalls hätte nichts gegen Stuhl und Tisch bei der Weinprobe und zumindest die Option auf ein Vesperbrettle. Aber gleich wie und wo: wer immer noch glaubt, mit Mehrzweckhallenästhetik Wein vermarkten zu können, sitzt offensichtlich auf dem falschen Dampfer.

Gefühle konzentrieren und ausstrahlen kann Architektur im Allgemeinen und Weingut-Architektur im Besonderen. Eine gute Gaststätte leistet Vergleichbares. Ein Ort, an dem sich alter und neuer Kaiserstuhl verdichten, ist der *Rebstock* zu Oberbergen. Privatiers, Handwerker, auch Luxusmüde aus dem *Schwarzen Adler* gegenüber finden hier in ausgewogenem Verhältnis zusammen. Es gibt blanke Holztische und einen Innenhof, der trotz Asphaltboden das Prädikat „lauschig" verdient. Man bekommt hier stets gut zu trinken und durchgehend was zu essen, wobei sich die Küche an die Rustikalität der Umgebung hält. Ein Rebstock-Motto mancher Gäste mag so geh'n: wir könnten auch ganz anders, aber heute bleiben wir hocken. Nach kurzer Zeit trägt einen die Stimmung in

Der Reiz des Einfachen – Rebstock-Innenhof, Oberbergen

Richtung überhocken – so sagt der Schweizer zur alten Kulturtechnik des vorsätzlichen Sitzenbleibens. Draußen ist es heiß und hell, oder naß und kalt, vorne rumpelt kaiserstühler Werksverkehr. Drinnen bei einem Fläschle Weißburgunder sieht die Welt gleich anders aus. (Details zu den drei Keller-Gastronomievarianten vgl. ab S. 169.)

Höfe, Gassen und Wege: Der übliche Weg in den zentralen Kaiserstuhl führt von Bötzingen über den Vogelsangpaß nach Oberbergen, oder von Breisach über Oberrotweil. Stimmungsvoller sind aber die Nebeneingänge: Nach Bickensohl kommt man am schönsten von Achkarren aus.

Touren: Zwischen Achkarren und Bickensohl liegt die kleine, aber markant ausformulierte Paßhöhe am Bitzenberg, der kurze Stich reizt auch den Radfahrer, ein Wanderparkplatz bei der Anhöhe wäre auch vorhanden. An der Landstraße die Wanderwegkreuze Bitzenberg, 291 m, oder Bickensohler Steinfelsen 287 m, sie liegen ideal zum Losziehen ins Rebland.

Unmittelbar nach der Bitzenberg-Paßhöhe beginnt die nur ein Kilometer lange, aber markant in den Löß gegrabene Talfahrt nach

Löß meterhoch – am Beginn der Eichgasse in Bickensohl

Bickensohl. Selten zeigt sich der Charakterboden Löß schon vom Autofenster aus so unmittelbar, eine Strecke für automobile Naturkundler. Schon kurz vor Bickensohl zweigen von der Kreisstraße zwei markante Lößhohlgassen ab. Zugang ab Wanderwegkreuz Blachengasse, 286 m. Nach links und rechts führen von hier kapitale Hohlwege ins Rebland, Beispiele alter Kulturlandschaft, wie sie speziell um Bickensohl und Ihringen trotz Flurbereinigung erhalten wurden.

Beispielhaft und oft besucht ist hier die **Bickensohler Eichgasse**. Zugang über Bickensohl Ortsmitte/Kirche. Von dort durch's Dorf nach Osten in Neunlindenstraße und Hohlgasse, zunächst vorbei am ehemaligen Gasthaus Engel, das leider aufgegeben wurde, dann sind es nur noch wenige Meter bis zum Beginn der Lößgassen (Wanderwegkreuz/Parkplatz: Bacchusbrunnen, 292 m).

Löß und Leben: Lößgassen sind mittlerweile auch im Kaiserstuhl eine Rarität. Weil der Nährstand mit fetten Schleppern am liebsten über geteerte Landwirtschaftswege zur Scholle eilt, weil sauber geteert immer am besten ist – gerade auf dem Land. Weil schließlich der Ökomichel lieber in der Toskana Olivenbaumpatenschaften pflegt, als hier ein Stück Streuobst oder eine Böschung zu pflegen, auch deshalb werden Hohlwege und Obstbaumsolitäre zum staunenswerten Kuriosum.

Eine schöner Türbogen kann auch entzücken – in Bickensohl

Auch in der Bickensohler Eichgasse besteht die Chance auf den Kaiserstuhleffekt: Auf sonnigen Terrassen, vielleicht mit einer schützenden Wand im Rücken, läßt es sich praktisch rund ums Jahr draußen sein. Mit als erstes blühen die Weinbergpfirsichbäumchen, die mit ihrer rosa Blüte den Frühlingsbeginn anzeigen. Noch etwas früher – oft schon Anfang Februar – sind die Mandelbäume dran. An so einem frühen Blütentag vielleicht mal an Wolldecke und Lektüre denken und einfach rausfahren und die Gasse hoch.

Die 400-Einwohner-Gemeinde Bickensohl wirkt so dicht ins Talende des Eschbachs gepackt, wie es sich für eine Siedlung im inneren Kaiserstuhl gehört. Für den üblichen Speckgürtel der kaiserstühler Randgemeinden ist hier kaum Platz, nur am Ortsausgang, Richtung Oberrotweil, franst der Ortsrand aus. Bickensohl in einem Satz: Rebterrassen und Lößgassen mächtig wie selten.

Lange war der *Engel* die gute Stube im Ort, dann die gewohnte Geschichte: die Pächter werden älter, keine Nachfol-

Ausblick und Kleingastronomie – Weinkehr in Bickensohl

ger, Umwandlung der Liegenschaft in Wohnungen. Bickensohl drohte eine gastronomiefreie Zone zu werden. Vor kurzem hat sich ein junges, engagiertes Wirtepaar entschlosssen, den *Rebstock* weiterzuführen. Das Anwesen in der Ortsmitte hat 13 Zimmer, eine große Terrasse und Räumlichkeiten für allerlei Anlässe. Es repräsentiert den reinen Winzergenossenschaftsstil des letzten Jahrhunderts. Immerhin hat Bickensohl nun wieder eine Einkehr und die Erinnerung an eine Zeit, in der die Genossenschaften stilistisch den Ton angaben, mit Rauputz, Fassadenverblendung und Busparkplatz.

Temporäre Kleingastronomie im Straußen-Stil gibt es zudem auf der Terrasse des Weingutes *Hauser-Bühler*. Das Fachwerk-Weinschlössle liegt erhöht am Ortsrand, man blickt nicht über die Welt, aber über Bickensohl-Zentrum und bekommt Vesperkleinigkeiten, Kuchen und gutseigene Weine.

Weinkehr (Weingut Hauser-Bühler), Bickensohl. ♣ Freiterrasse mit Blick auf's Rebland um Bickensohl. Von Mai bis Mitte Juli und von September bis Mitte Oktober, jeweils Fr bis So, 13 bis 21 Uhr. Tel. 07662-8280.

Schwarzer Adler

Dreierpack: Schwarzer Adler, Rebstock, Kellerwirtschaft

Oberbergen

Wie kein zweiter Ort im Kaiserstuhl ist Oberbergen doppelt vorbelastet, gastronomisch und önologisch. *Schwarzer Adler* und *Baßgeige, Keller* und nochmal *Keller* heißen die Schlagworte. Fast unmöglich, über Oberbergen zu schreiben und nicht im zweiten Satz auf Wirtschaft und Wein zu kommen. Und selten reihen sich die Ziele so konzentriert längs der kurzen Ortsdurchfahrt: Die Winzergenossenschaft prägt unübersehbar den westlichen Ortseingang, in der Badbergstraße dann zunächst die vielfach prämierte Hausbrennerei von *Fridolin Baumgartner,* nur ein paar Häuser weiter in der Ortsmitte dann Kellers *Schwarzer Adler,* gegenüber der Rustikalableger *Rebstock,* in den Rebterrassen am östlichen Ortsrand schließlich das neue Weingut der Familie Keller, mit der korrespondierenden Gastronomie *Kellerwirtschaft.*

Oberbergen hat keine Drosselgasse, aber eine Badbergstraße. Wer auf der nicht schwach wird, dürfte im Kaiserstuhl fehl am Platz sein.

Gediegene Gourmetstube – Blumenzimmer im Schwarzen Adler

SCHWARZER ADLER – Oberbergen. Die klassische, zwangsläufig auch stark formalisierte Hochküche wird hier nicht als leeres Ritual zelebriert, sondern mit Substanz unterfüttert. Seit Jahr und Tag ist das Haus damit ein Urmeter im kulinarischen Südwesten und eine Referenz, wenn es um eine französisch grundierte Gourmetküche geht. Der Schwarze Adler hat Tradition, aber die erschöpft sich nicht nur in der Reproduktion von Konventionen.

Unangestrengte Stimmung, runder Lauf und Zuverlässigkeit prägen das Betriebssystem. Professioneller, aber nicht überpräsenter Service in schwarz-weiß, solide Weinberatung. Hier wird kulinarische Zuverlässigkeit auf hohem Niveau geboten, zeitgeistige Spielereien suche man anderswo. Mindestens ebenso legendär wie die Küche erscheint die *Weinkarte* im XL-Format mit 2.600 Einzelpositionen, darunter Bordeaux, Burgunder und natürlich eigene Gutsweine in tiefer Jahrgangsstaffelung zu vergleichsweise fairen Preisen. Bei Orientierungsschwierigkeiten hilft der informierte Service.

Wie in langjährig eingefahrenen Betrieben üblich, wird der

Holzbank & Stoffserviette – Rebstock, Oberbergen

Luxus mit einer Souveränität zum Gast gebracht, die in hoch- und runtergejubelten Trendlokalen selten erreicht wird.

Restaurant Schwarzer Adler (Fam. Fritz und Bettina Keller; Küchenchef: Anibal Strubinger), 79235 Oberbergen, Badbergstr. 23. Sechs Doppelzimmer im gepflegten Landhausstil im Obergeschoß des Stammhauses; acht weitere moderne Zimmer vis à vis im Gästehaus ‚Im Weinberg'.♣ Sommerterrasse unter einer Pergola, selten gediegene Bar mit Rauchereckle (vgl. Bild S. 163). Tel. 07662-93300. Zimmerpreise, Veranstaltungen, Weinproben: www.franz-keller.de; Restaurantküche 12-14 Uhr, 18.30-21 Uhr. RT: Mi und Do; Hotel kein RT. Preise: hoch, aber gerecht; bemerkenswert faire Weinpreise.

REBSTOCK – Oberbergen. Der Rustikalableger des Gourmetlokals Schwarzer Adler bietet eine kernige Landgasthofstimmung und undogmatische Publikumsmischung. Drinnen sitzt man an blank gescheuerten Holztischen, Terrasse und Nebenräume im Hinterhof vermählen Bruchsteinmauer mit gestärkter Stoffserviette. Dazu paßt die Standardkarte mit ihrem festen Kanon an Klassikern, etwa: Carpaccio vom Kalbskopf mit Berglinsen, gebeizter Lachs mit Honig-Senfsauce, Entenleberterrine oder auch ein Stubenkücken mit

Charme des Rustikalen – Rebstock, Oberbergen

Pommes. Dazu kommen drei, vier Tagesangebote auf der Tafel; zur Saison folienfrei gezogener Spargel, auch Wild und regionale Extras. Für mich gilt: Ambiente und Stimmung überzeugen, die rustikal angerichteten Teller der warmen Küche halten Abstand zu den ambitionierteren Formaten der Kellerschen Gastronomie. Bei einer hausgemachten Terrine kann freilich so wenig schiefgehen wie beim hausgebeizten Lachs. Oliven, Bauernbrot und eine Flasche aus dem tiefen Fundus des hauseigenen Weingutes sind manchem Puristen ohnehin genug.

Die Atmosphäre wechselt je nach Saison, Auslastung und aktuellem Personalstand im Service. In der Holzbankklasse bleibt der Rebstock jedoch eine Instanz im Kaiserstuhl. Das mit Fußball-Devotionalien reich geschmückte Nebenzimmer erinnert an die Großleidenschaft des Inhabers. Wichtige Partien werden übertragen.

Winzerhaus Rebstock, 79235 Oberbergen, Badbergstraße 22, Tel. 07662-93 30 11, www.franz-keller.de. ♣ Überdachter Innenhof, ausgebauter Stall. Zimmer im Gästehaus Weinberg. RT: Mo, Di; sonst 12 Uhr bis 24 Uhr, durchgehend Küche bis ca. 21.30 Uhr. Preise: moderat.

Spot an – Kellerwirtschaft, Oberbergen

KELLERWIRTSCHAFT – Oberbergen. Es war sicher nicht einfach, ausgerechnet in Oberbergen ein drittes gastronomisches Format zu positionieren. Eine Einkehr, die weder dem etablierten Gourmetlokal Schwarzer Adler, noch dem populären Rebstock in die Quere kommt. Zudem muß die neue Kellerwirtschaft mit dem laufenden Weingutsbetrieb im gleichen Anwesen harmonieren – wobei die Spannweite vom berüchtigten Drei-Flaschen-Kunden bis zur degustationsfesten Expertenrunde reicht. Und dann sollte die neue Gaststätte auch noch große Gesellschaften bewältigen – Hochzeiten, Betriebs- und Krönungsfeiern aller Art.

In der Summe gelingt der weite Spagat in der Kellerwirtschaft durchaus, was natürlich ohne Formalisierung von Angebot und Ablauf nicht möglich wäre. Will heißen: Die Karte ist nicht opulent, die Küche meidet kompliziert verknotete Päckchen, sie konzentriert sich vielmehr auf eine gehobene Auswahl regionaler und internationaler Gassenhauer: Vorspeisen von Tartar bis Gazpacho, Warmes von hausgemachten Penne bis zum Kabeljau, vom Grill kommt Kalbskotelette

Jakobsmuscheln mit Badbergblick – Terrasse Kellerwirtschaft

mit Cremolata und Gemüse oder ein Rib Eye vom Färsenrind. Etwas von Allem wird als Viergang-Basismenü (ab 62 Euro) angeboten, das frei Schnauze um weitere Komponenten von der aktuellen Monatskarte erweitert werden kann (je Zusatzgang 10 Euro). Nur ein Fläschle Müller mit San Daniele und Badbergblick geht aber auch. Für gelernte Gäste bietet die Kellerwirtschaft also genug Optionen, wozu die großzügige Terrasse ebenso zählt, wie ein Abend bei Kerzenschein.

Wie bei anderen modernen Konzepten scheint hier wenig in Stein gemeißelt, es kommt vielmehr darauf an, wer mit wem und warum. Vorbeischauen ist somit allein schon geboten, um im kulinarischen Chor weiter mitsingen zu können. Fazit: mag sein, daß im Kaiserstuhl nicht alle Wege nach Oberbergen führen, an der kulinarischen Attraktion der Kellerwirtschaften führt aber kein Weg vorbei.

Kellerwirtschaft im Weingut Franz Keller (Küche: Marcus Helfesrieder) am Ortseingang von Oberbergen. ♣ Große Freiterrasse, Do bis So von 12 Uhr - 23 Uhr (Küche bis 21.30 Uhr), Ruhetage: Mo bis Mi; öfter mal geschlossene Gesellschaften und Ereignisse (Homepage beachten), Tel. 07662-93 30 80. www.franz-keller.de

Viel Faß, viel Ehr – Fritz Keller im neuen Weingut

WEINGUT FRANZ KELLER – Oberbergen. Wer noch immer glaubt, Weinproduktion sei ein Folkloregeschäft, dürfte nach einem Rundgang durch das Kellersche Weingut kuriert sein. Qualität heißt heute engmaschige Prozeßsteuerung von der Anlieferung der Ernte bis zum Faßlager: Dazu gehören Kühlmöglichkeit des angelieferten Lesegutes, Laboranalytik, schonende Mostbewegung durch natürliches Gefälle statt durch Rauf-und-runter-Pumpen, blitzblanke Anmutung der Betriebsräume, stete Temperaturkontrolle – selbst im Holzfaßlager könnte man noch eine Notoperation durchführen.

Fritz Kellers neues Weingut ist die Konsequenz eines Generationenprojektes: Vater Franz hat einen Namen zur Marke gemacht, Sohn Fritz nutzt das Fundament zur Expansion und es gibt Söhne, die wollen. Vor allem aber gibt es Fritz Kellers unbändigen Willen, die Meßlatte selbst zu legen. Bei den großen Fragen der dienstlichen Flughöhe, aber auch bei Details vor Ort – nach wie vor kann schon eine offene Kühlraumtür für steigenden Adrenalinspiegel sorgen.

Dank optimierter Abläufe und Lagermöglichkeiten können

Gläserne Produktion – Weingut Keller, Oberbergen

nun mehr Kleinlagen separat ausgebaut werden. Auch Keller weiß, daß ein Weißburgunder ohne Geschichte eben nur ein Weißburgunder ist – und wo gäbe es mehr Geschichten, vor allem aber mehr unterschiedliche Böden als im Kaiserstuhl. Vulkanverwitterungsgestein, Kalkadern, Lößauflage und Kleinklima wechseln hier mit jeder Talfalte. Also gibt es die Großlagen-Literflaschen für die Masse. Für den kleinen, solventen Rest von Weinfreunden zählt mehr denn je die Sorten- und Bodencharakteristik, jede Lage und jeder Jahrgang soll ein Einzelstück sein. Geschichte im Stilglas, so geht Premiumwein heute.

Wer abstrakt denkt, sieht im Weingut auch das Veredelungsinstitut. Reben gedeihen allerorten, Kellertechnik ist austauschbar geworden, aber selten verschränken sich Lage, Ausbau und Vermarktung so anschaulich wie am Ortsrand von Oberbergen. Und immer mit Blick auf jene Reblagen, die im Glas vor einem stehen.

Zur ersten Orientierung: wie eh und je steht der Name Keller für durchgegorene, trockene Weine ohne verdeckte

Wein, Weib, Fußball – auf der Herrentoilette der Kellerwirtschaft

Restsüße. Vermarktet wird neben dem Ertrag eigener Lagen auch die Ernte einer Erzeugergemeinschaft, die etwa 35 Hektar bewirtschaftet. Zum Weingut, das neuerdings dem VDP angehört, kommt der internationale, vor allem auf Frankreich konzentrierte *Weinimport* mit Groß- und Einzelhandel, die Lagerung erfolgt in gutseigenen Lößstollen, die über 100 Meter in den Hang gegenüber vom Schwarzen Adler hineinreichen, wo eine konstante Temperatur um 12° Celsius herrscht.

Franz Keller Weine werden je nach Qualität in unterschiedlichen Linien vermarktet, die Spannweite reicht von unkomplizierten Cuvées wie „Jedentag" bis zur Selektion aus Spit-

Vielfach prämiert – Brennerei Baumgartner, Oberrotweil

zenlagen. Den animierenden Rest präsentieren bei Verlangen kenntnisreiche, aber nicht zudringliche Leute am Probiertresen im Weingut.

Weingut & Weinhandel Franz Keller: 79235 Vogtsburg-Oberbergen, Tel. 07662-933093, www.franz-keller.de, Verkaufszeiten Montag bis Freitag 9.00-18.00 Uhr, Sa 10 bis 18 Uhr, So 10 bis 16 Uhr, www.franz-keller.de

Hausbrennerei Baumgartner. Zu den Oberberger Genußadressen, die vor lauter Burgunder und Baßgeige nicht untergehen sollten, gehört die Hausbrennerei von Fridolin Baumgartner. Dessen vielfach prämierte Edelbrände, bei denen die Frucht und nicht die alkoholische Wucht im Vordergrund steht, gehören zu den Feinsten – nicht nur regional, sondern überhaupt. Baumgartners Wertung auf der Destillata 2014 spricht für sich: 1. Platz bei der Nationenwertung Deutschland (bei 36 Teilnehmern), 4. Platz bei der internationalen Gesamtwertung (bei 183 Teilnehmern), Baumgartners Kirsch- und Mirabellenwasser wurden Sortensieger. Unter anderem werden die Brände auch in der Keller-schen-Gastronomie ausgeschenkt, aber was soll man lange schreiben. Das Probieren kommt der Quintessenz des Obstbaus näher als das Lesen, zur Auswahl steht praktisch das gesamt Sortenspektrum edler Obstbrände vom Apfelbrand bis Zibärtle. Badbergstrasse 9, 79235

Glaube, Liebe und Hoffnung – Altar der St. Michaels Kirche, Niederrotweil

Vogtsburg-Oberbergen, Tel. 07662 - 6646, www.hausbrennerei-baumgartner.de (im Haus auch Gästezimmer und sechs Ferienwohnungen).

Von Niederrotweil nach Oberrotweil: Einige Haltestellen fallen ins Auge und alle liegen sie an der Durchgangsstraße: in Niederrotweil zunächst die Wehrkirche *St. Michael,* gleich darunter das traditionelle Sechstisch-Gasthaus *Zum Kaiserstuhl,* dessen Patron mitunter als „Kräuterkoch vom Kaiserstuhl" besungen wird. In Oberrotweil dann die bunt päsentierte Zeitgeist-Gastronomie im *Landhaus Trautwein,* wenig später in der Ortsmitte die beiden Traditionsweingüter *Salway (VDP)* und *von Gleichenstein,* letzteres mit einem neuen Probierraum, 2014 eröffnet, gestylt im Stil der Zeit.

Außer Frage steht die kunstgeschichtliche Bedeutung der St. Michaels-Kirche in Niederrotweil. Der frühromanische Kern des Sakralbaus stammt aus dem 11. Jahrhundert, im 14. Jahrhundert wurde gotisch renoviert, erhabene Lage über einem schützenden Mauerring, Friedhof und altes Pfarrhaus nebenan – schon von außen ein beeindruckendes Ensemble. Hinzu kommt die reiche Innenausstattung mit gotischen Dek-

Dicht ins Tal gepackt – Schelingen

ken- und Wandgemälden und dem berühmten Schnitzaltar (wie der im Breisacher Münster signiert von H.L., vermutlich Hans Loy, gest. um 1533). Die Kirche wird für Konzerte und Feierlichkeiten genutzt (Schlüssel im Haus nebenan).

Literatur zum Thema: Kunst am Kaiserstuhl, Hans-Otto Mühleisen (Hrsg.). Mit Schwerpunkt S akrale Kunst im Kaiserstuhl. Kunstverlag Josef Fink. ISBN 3-89870-284-7.

Wandern und Einkehren in Schelingen

Mit gerade mal 300 Einwohnern gehört das etwas versteckt gelegene Schelingen zu den kleinen Vogtsburger Teilgemeinden. Animation wird hier niemand erwarten, aber die geschützte Südlage im Taleinschnitt unterhalb des Katharinenbergs hat auch was: eng ins Tal gepackte Gassen, unmittelbar darüber die steilen Rebterrassen – man fühlt sich hier ganz und gar im inneren Kaiserstuhl – und das klingt so: die Amoltertalgasse führt über Dachslöcher Buck und Katharinenberg nach Amoltern (knapp 4 km).

Klein aber fein – Sonne in Schelingen

Touren: Gute Wandermöglichkeiten direkt ab Ortsmitte/Kirche oder Parkplatz Allmendgasse (Wanderwegweiser am Kirchplatz, 302 m; oder: Sonnenuhr 303 m). Oder noch bequemer, weil weiter oben gelegen, vom empfohlenen Ausgangspunkt und Wanderparkplatz am Bahlinger Eck (vgl. dazu Streifzug 6). Gut einkehren ginge auch noch:

ZUR SONNE – Schelingen. Seit Jahren gehört Stefan Köpfers Sonne zu den kleineren, aber kulinarisch ambitionierten Adressen am Kaiserstuhl. Die Ansprüche werden durch eine handwerklich saubere Küche durchaus eingelöst, das Spektrum der auffallend kompakten Karte reicht dabei von Regionalem bis zum Angesagten. Also gehören Löwenzahnsalat und hausgemachte Maultaschen ebenso dazu wie Ravioli und unser aller Dry-Aged-Beef. Drinnen warten zwei relativ kleine Gastabteile, teils holzgemütlich, teils neorustikal mit freigelegter Bruchsteinwand, draußen die idyllische Terrasse mitten im Dorf.

Wie erwähnt, die Sonne liegt nicht im kulinarischen Epizentrum des Kaiserstuhls, geboten wird ein Kammerspiel, das gerade wegen seiner Beschränkung und Regionalität

Kirche, Sonne und Stube mitten im Dorf – Schelingen

überzeugen kann, zumindest solange die Besetzung in der Küche mit dem aktuellen Tagesgeschehen synchron läuft. Tagesgerichte, Regio- und Chefmenü werden jeweils nach Einkauf angeboten, wer weniger will, wählt einzelne Komponenten. Zur gehobenen Küche paßt die breite Auswahl an Flaschenweinen regionaler Weingüter. Angebot und Service stehen für ein spürbares Bemühen um gehobene Gastlichkeit, die Sonne gehört nach Lage und Betriebslauf zu den eher stilleren Adressen, die mit Qualität überzeugen.

Köpfers Gasthaus zur Sonne, 79325 Vogtsburg-Schelingen, Mitteldorf 5, Tel. 07662-276, ♣ Freiterrasse in der Ortsmitte. RT: Di, im Winter auch Mi-mittags bis 17.30 Uhr geschl. Preise: mittel-gehoben. Gästezimmer im Gasthaus, im Gästehaus gegenüber weitere moderne Zimmer, sowie Appartements, www.sonne-schelingen.de.

Bischoffingen und der Steinbuck: In seltener Gunstlage, erhöht über Bischoffingen gelegen, waren Restaurant und Hotel *Steinbuck* lange Jahre ein Ziel – allein schon wegen der Panoramaterrasse am Rande der Weinberge. Wenige Anwesen im Kaiserstuhl liegen begnadeter im Rebland. Das einst

Frisch gestrichen – Steinbuck Stube, Bischoffingen

genossenschaftseigene Anwesen wurde vor wenigen Jahren vom Bahlinger Unternehmer Männer gekauft (vgl. dort). Der engagierte sich auch in der Ortsmitte Bischoffingens sichtbar – mit der Luxus-Renovierung und Wiedereröffnung der *Steinbuck-Stube.*

Allein, auch ein potenter Investor macht noch keinen gastronomischen Frühling. Nach gemischten Erfahrungen und regem Personalwechsel während der Startphase wurde die Steinbuck-Stube im Sommer 2014 erneut verpachtet. Man wird sehen, wie sich das Haus in Zukunft positioniert. Es bietet neben den von Grund auf renovierten Edelstuben auch acht Gästezimmer und eine Ferienwohnung (Details: www.steinbuck.com).

Das Vorhaben, oben auf dem Steinbuck ein Wellness-Schlößle zu errichten, scheint derzeit zu ruhen. Die Zukunft der Liegenschaft ist somit offen wie zuvor. Immerhin lohnt die Fahrt hoch zum Steinbuck aus zwei Gründen: Aussicht und Einsicht. Kapital ist zwar eine hilfreiche, aber keine hinreichende Voraussetzung für gastronomisches Gelingen.

Himmel weit, Wasser klar – Badesee zwischen Sasbach und Whyl

Nicht typisch Kaiserstuhl, aber eine Option, um einen Sommertag lässig abzusegeln.

13 Zwischen Kaiserstuhl und Rhein

In der dunklen Jahreszeit ist das flache Land nordwestlich des Kaiserstuhls sicher kein Ziel. Anders an einem hellen Sommertag. Dann könnte man von Sasbach über die weite Flur gondeln, die freilich auch hier mehr und mehr mit Mais zukultiviert wurde. Also rüber nach Forchheim, vielleicht bei Wyhl kurz in den See springen oder bei Weisweil im Kiosk am Rhein auf ein Flaschenbier hängenbleiben. Auch dort könnte man gleich nebenan kurz in den See springen und dann – vom Frühsommergrün der Pappeln begleitet – auf dem Radweg über die Rhinauer Rheininsel stromabwärts treiben. Das alles wäre zwar nicht mehr typisch Kaiserstuhl, aber eine Option, um einen Sommertag lässig abzusegeln.

Badisch Amazonien: Auch südlich des eigentlichen Naturschutzgebietes *Taubergießen* gibt es nämlich badischen Dschungel: draußen am Rhein zwischen Wyhl, Weisweil und Rheinhausen, wo der Mühlbach mäandert, wo die Laubwälder im Frühling regelrecht explodieren, wo schwertliliengesäumte Ufer locken. Amazonische Nebenarme, stille Wasser, Quelltöpfe und Gießen. Der markierte *Rheinauenweg* er-

Draußen am Rhein – bei Weisweil

schließt die flachen Niederungen, ideal für anstrengungsarme Radtouren oder weites Ausschreiten.

Touren: Bereits von Wyhl, aber auch von Weisweil aus, führt eine Straße durch den Auenwald direkt vor zum Rheinufer, wo Ausgangspunkte für ufernahe Rad-Touren liegen. In Weisweil beim Hafen, in Alleinlage direkt über dem Rhein, zudem der bei Schönwetter bewirtete Kiosk Rheinblick (vgl. S. 191).

Baden: In der weiten Ebene zwischen Wyhl und Sasbach, ein ehemaliger Baggersee. Das angelegte Gelände direkt westlich der Landstraße 104 (bei der Kreuzung mit der Landstraße 113 von Endingen nach F-Marckolsheim) wurde renaturiert und leidlich eingewachsen, es wird gerne als Badesee genutzt, ist aber selten so überlaufen wie die Seen im Freiburger Nahbereich. Parkplätze, Liegewiese, Mülleimer; im Hochsommer kommt ein ambulanter Eismann.

Sasbach liegt nicht mehr im Kaiserstuhl, sondern am Kaiserstuhl – in der Ebene, nah‘ am Rhein. Bis zur Tulla‘schen Rheinkorrektur stand das Wasser im Fischerdorf mehr als einmal bis Oberkante Keller. Heute liegt der Ort auf dem Trockenen, auch die Fischerei ruht. Beute wird allenfalls im Discounter-Cluster gemacht, der sich auch hier etabliert hat. Motto: Kik und Penny sind schon da – und die Käuferschar

Starkwüchsig – Mais und Penny bei Sasbach

kommt aus den Neubauvierteln gleich nebenan. Den Einzug des Hochsommers erkennt man daran, daß die Maisvorhänge links und rechts der Landstraße nur noch von den hellroten Dächern der Nahversorger überragt werden. Immerhin, der Limberg schafft es gerade noch über Oberkante Mais.

Der 272 Meter hohe Limberg ist eine Art Miniaturkaiserstuhl mit allem, was dazugehört: Reben, Reste einer alten Burg, auch ein Vulkanlehrpfad, der viel Ausblick bei wenig Laufleistung garantiert. Und gleich nebenan gäbe es mit der Wallfahrtskapelle auf dem Lützelberg noch so einen Fleck zum einfach mal hochfahren und hinterher besser fühlen. Wer‘s gern zu Fuß macht, kann in einem Viertelstündle vom Dorf aus über einen Kreuzweg bis zur Kapelle hoch gehen.

Falls es mal, anläßlich eines späten Aufbruchs, Kaiserstuhl und Rhein im Kombipack sein soll, wäre Sasbach schon richtig, zumal es auch eine Einkehr mit großer Sommerterrasse gibt. Die ideale Haltestelle auf einer Radtour oder für alle die sonstwie offen unterwegs sind.

Draußen Plastikstühle, drinnen Holzbank – Löwen, Sasbach

LÖWEN – Sasbach. Mitten im Ort ein unkomplizierter Treff für alle Klassen mit einer konventionellen Küche, die vom Tourenradler über Autowanderer bis zu Elsässer Pensionären alle satt bekommt. Im Sommergarten kontrastiert das dunkle Schattenspiel der Kastanien mit dem banalen Weiß der Plastikstühle, davor sorgt die Marckolsheimer Straße vor zur Rheinbrücke für einen steten Strom an Leben. Drinnen dann eine auffallend gut erhaltene Gaststube im bürgerlichen Habit, mit altem Fischgrät-Parkett und umlaufender Holzbank. Die Karte orientiert sich an den Wünschen einer Kundschaft, die einfach was essen möchte, sie schlägt einen schmucklosen Bogen von der Flädle- oder Nudelsuppe über Schnitzel und Putengeschnetzeltes im Reisrand bis zum Badischen Sauerbraten mit Nudeln und Salat. Werktags wird ein preiswerter Mittagsteller mit Salat serviert; auch diverse Flammkuchen und Kuchen.

Gasthaus Löwen, 79361 Sasbach, Marckolsheimer Straße 2, Tel. 07642/1424, ♣ große Terrasse in der Ortsmitte. RT: Mo. Preise: günstig. Preiswerte Gästezimmer.

Reiche Beute für Kräuterfreunde – Friderich bei Sasbach

Gärtnerei Friderich, Sasbach: Die Gärtnerei am westlichen Ortsrand von Sasbach bietet ein einzigartig breites Angebot an Küchen- und Heilkräutern, die im Groß- und Einzelhandel vertrieben werden. Insgesamt sind mehrere hundert Sorten im Lieferprogramm, ein- und mehrjährige, darunter auch Raritäten und Exoten, Kulturfläche auf zwei Hektar im Freien und 13.000 Quadratmeter unter Glas. Mit ihrer seltenen Sortenvielfalt ist die Gärtnerei Inspiration und Fundgarten für alle, gleich ob man einen Balkonkasten oder einen großen Küchengarten bepflanzen möchte. Das außergewöhnliche Angebot und die kommentierte Präsentation der Arten machen die Gärtnerei zum lohnenden Einkaufsziel, zudem wurden im Freien Kräuterbeete zum Selberernten angelegt. Die Gewächshäuser haben einen Selbstbedienungsteil, so daß man in Ruhe auswählen kann.

Kräuter Friderich, 79361 Sasbach, Lehweg 2, Tel. 07642/7222, www.friderich.de; Marktstand in Freiburg auf dem Münstermarkt. Gärtnerei mit Selbstbedienungs-Kräuterladen zwischen Sasbach und Wyhl, Zufahrt von Sasbach oder von der Landstraße 113 zum Grenzübergang Marckolsheim, Abzweig bei der Brücke.

Sommerzeit – Badesee bei Weisweil

Zum Rhein in Weisweil: Direkten Rheinzugang gibt es bei *Weisweil*, wo die Kreisstraße 5135 in einer langen Geraden durch die Auenwälder bis vor zum Yachthafen führt. Direkt neben der Straße lauern holzgeschnitzte Tiere und Fabelwesen, teils schon recht verwachsen im Unterholz. Vorne am gestauten Strom dann eine unüblich große Wasserfläche mit Sportboothafen. Durch das Wehr in *Rhinau* staut sich der Rhein flußaufwärts zu einem beachtlichen Becken, für sensible Nasen schmeckt es hier schon ein wenig nach Küste. Mit dem Fahrrad kommt man über die Stauwehranlage auf den kilometerlangen Landstreifen der Rhinauer Rheininsel, die zwischen Altrhein und Kanal liegt. Weiter im Norden bei der nächsten Staustufe Diebolsheim wäre dann der Übergang auf französisches Festland möglich; erneuter Wechsel auf die deutsche Seite dann bei F-Rhinau mit der Pendel-Fähre. Aber auch auf deutscher Seite ließe sich ein Nachmittag im Sinne der absichtslosen Sommerträgheit verbringen.

Der kleine See, direkt hinter der Staustufe am Weisweiler Altrhein, ist zwar keine Sensation, aber zum Schwimmen

Hock über'm Altrhein – Kiosk Rheinblick bei Weisweil

reicht es allemal. Vorne grillt und freizeitet meist gemischtes Publikum, aber es hat auch genug Platz für ruhigere Geister; vergleichsweise unversaute Anlage mit Abfalleimern und gemähtem Gras, das bis ans Ufer reicht. Einkehren über'm Wasser geht auch:

KIOSK RHEINBLICK (bei Weisweil am Rhein): Der Kiosk schwebt wie eine Gondel über dem Altrhein, das Stauwehr nebenan sorgt für etwas Wassersport, achtern vorne raus mäandert der Restrhein durch die Landschaft, als hätte er nichts zu tun. Bei so viel Aussicht beschränkt sich das Kioskangebot auf das Nötigste, Brezel, Wurst und Wurstsalat wird gereicht. Das Publikum diskutiert an solchen Orten nicht allzu viel und wenn, nur über wirklich bewegende Fragen – eine ideale Tankstelle auf einer Sommertour.

Kiosk Rheinblick, in der Saison wochentags von 15 bis 21 Uhr, sonntags schon ab 10.30 Uhr. RT: Mo, bei Regen geschl.

Radwegweiser und Infotafel für rheinnahe Radtouren direkt am Rheinufer.

Auf der Scholle leben – bei Forchheim

Auf Hamsterfahrt nach Forchheim. Im engeren Sinne liegt Forchheim nicht mehr im Kaiserstuhl, aber dafür liegt etwas vom Kaiserstuhl in Forchheim. Durch Erosion wurde ein Teil der mächtigen Lößschicht des Ur-Kaiserstuhls als Schwemmlöß in die Ebene verfrachtet. So profitieren auch die Randgemeinden im Norden, etwa Wyhl und Forchheim, vom geologischen Sonderfall Kaiserstuhl. In feuchten Jahren gibt es im flachen Ackerland um Forchheim keine Staunässe, auch lange Trockenperioden im Frühling und Sommer werden von den mittelschweren Lößverwitterungsböden gut ausgeglichen, weil diese ein hohes Feuchtespeichervermögen haben. „Optimale Wasserführung", sagt der Landwirt dazu.

Eine ruhige, ländliche Selbstgewißheit liegt im Sommer über den nördlichen kaiserstühler Randgemeinden. Man spürt es auch beim Gondeln durch die Region, so ein Leben nahe der flachen Scholle hat einen anderen Takt als im Kaiserstuhl. Radwege unter dem weiten Himmel, zwischen den ausgeräumten Feldern solitäre Nußbäume mit ausladenden Kronen und am Horizont das Profil des Kaiserstuhls.

Kartoffelanbau auf 160 Hektar – Erntezeit in Forchheim

Viel mehr freies Feld als im engen Kaiserstuhl gibt es auch in Forchheim und so widmen sich immerhin drei Dutzend Landwirte im Dorf dem Kartoffelanbau, mittlerweile auf einer Fläche von gut 160 Hektar, 1990 waren es noch 80 Hektar – somit gründet Forchheims überregionale Bedeutung in der Kultur des Ackertrüffels. Neben Gündlingen bei Breisach gilt Forchheim als die Kartoffelmetropole im Südwesten.

Jeder echte Feinschmecker weiß um die Bedeutung einer guten Kartoffel als Basisprodukt gepflegter Küche. Was nicht jeder weiß: für den Geschmack ist die Bodenqualität oft wichtiger als die Sorte, auch Düngung und Witterung beeinflussen Aromatik und Kocheigenschaften. Insofern bietet ein Kartoffeldorf wie Forchheim wichtige Voraussetzungen für gute Qualität.

Kartoffeln und mehr: Der funktionale SB-Erzeugerladen Eckert hat an der Whyler Straße Nr. 26 werktags durchgehend von 8 bis 20 Uhr geöffnet: es gibt Obst, Gemüse und stets eine große Auswahl an Kartoffeln aller Klassen von mehlig über vorwiegend festkochend bis festkochend.

Alte Wirtschaft, neue Tür – Adler, Forchheim (seit 2010 geschl.)

Der einst legendäre *Adler*, erbaut 1820, war bis ins neue Jahrtausend ein Dorfgasthaus, das zwischen vielsagend schweigendem Stammtisch und größerer Hausmusik, speziell freitagabends pendelte. Eine Sozialstation mit Essensausgabe und legendärem Unterhaltungsprogramm. Auch der lokale Sportverein wurde im Haus gegründet, gespielt wurde auf dem Platz vom Adlerwirt, bis zum Bau des Vereinsheims ging es nach dem Kicken zum Duschen in den Adler. Auf einer Gedenktafel am Haus ist zu lesen: „Spätestens seit den 70er Jahren war der Adler weit über die Grenzen bekannt. Attraktion in den 80er und 90er Jahren waren die Musikabende. Man spielte auf selbstgebauten Instrumenten."

Anstelle der alten Gasthaustür grüßt nun eine neue weiße Kunststofftür im Baumarktdesign. Einmal kam die Seniorin vor die Tür und meinte zum gelandeten Adler: „Mir Alte könne nimmi und die Junge wolle nimme ziehe." Senioren, die nicht mehr ziehen können, Junioren die nicht ziehen wollen. Die Geschichte der ländlichen Gastronomie in einem Satz.

Radicchio di Forchheim – Otmar Binder vom Lindenbrunnenhof

LINDENBRUNNENHOF – Forchheim. Was die Sortenvielfalt von Obst, Gemüse und vor allem auch Kartoffeln angeht, haben *Otmar* und *Christa Binder* auf ihrem Bioland-Betrieb Lindenbrunnenhof ein kaum zu übertreffendes Angebot. Wobei Otmar Binder mit seinem einzigartigen Kartoffelsortiment auch mit beliebten Irrtümern aufräumt, etwa, daß nur die festkochenden Sorten für Salat und Brägele geeignet sind. „Alles Geschmacksache, die mehligen Sorten haben oft mehr Aroma." Erfahrene Hausfrauen scheinen das noch zu wissen. „Auf dem Markt verkaufen wir an ältere Kunden mehr mehlige Sorten, die jungen wollen eher festkochende. Die sind eben einfacher in der Verarbeitung."

Gleich welche Präferenz, von den kleinen Mäusle, auch als Rattes oder Bamberger Hörnchen bekannt, über die rotschalige Rosevall bis zum vielseitigen Arbeitstier Selma, der Lindenbrunnenhof ist eine Fundgrube für Kartoffelliebhaber, es gibt insgesamt fast 30 verschiedene Sorten, neben den Früh- und Sommerkartoffeln, die man auch in kleinen Gebinden bekommt, noch bewährte Lagersorten zum Einkellern,

Adretter Hofladen – Christa Binder im Lindenbrunnenhof

darunter: Ditta, festkochend; Linda, festkochend; Agria, vorwiegend festkochend bis mehlig; Melina, mehlig (besonders geeignet für Gratin und Püree). Ein informativer Flyer über die angebotenen Sorten und deren Verwendungsmöglichkeiten kann auf der Homepage heruntergeladen werden.

Mindestens so vielseitig wie das Kartoffelangebot ist auch das Obst- und Gemüseangebot der Binders, im Gemüsesortiment auch ausgefallene Sorten wie Artischocken und Winterkohlrabi. Erfreulich, wie hier dem üblichen Agrar-Gejammer eine ansteckende Freude am Produkt entgegengesetzt wird. „Wir müssen einfach mehr bieten als der Supermarkt am Eck“, meint Otmar Binder so lapidar wie überzeugend. Also gibt es allein vier Sorten Himbeeren, sechs Birnen-, sowie über 10 Sorten Äpfel, im Frühling auch Bio-Spargel, außerdem die aromatische Erdbeersorte Lambada – auch viele Gastronomen aus der Region nutzen mittlerweile die Produktvielfalt vom Lindenbrunnenhof. Für engagierte Freizeitköche ist das Sortiment ohnehin eine zuverlässige Quelle.

Federvieh auf dem Lindenbrunnenhof

Zu Binders Mehrwert-Angebot zählen auch ein paar Delikatessen, die man nicht unbedingt in Forchheim vermuten würde: etwa die Aufzucht von glücklichen Perlhühnern und Kapaunen, die auf dem Lindenbrunnenhof mit Auslauf ins Freie und mit eigenem Korn gemästet werden. Die Kapaunen werden dann auf Weihnachten hin schlachtfrisch angeboten.

„Der Jungfernhahn ist dem Fasan ebenbürtig, ihm an auserlesen feinem Geschmack sogar nicht selten überlegen", lobt das legendäre APPETIT-LEXIKON von 1894. Mit einem Schlachtgewicht von etwa drei Kilo wäre ein Forchheimer Jungfernhahn das ideale Essen für eine große Tafel an den Festtagen. Die Delikatesse ist gefragt, Vorbestellung unbedingt empfohlen.

Lindenbrunnenhof (Christa und Otmar Binder), Lindenbrunnenweg 19, 79362 Forchheim, Tel. 07642-3651. Hofladen: Di von 10-12 Uhr; Fr 10-12 und 17-19 Uhr. In Freiburg auf dem Stühlinger Wochenmarkt unter der Stadtbahnbrücke: Mi- und Sa-vormittag von 8 bis 13 Uhr. Bauernmarkt in Hinterzarten, Fr 8 - 12 Uhr.

Frische Brezel, historischer Brunnen – Endingen am Marktplatz

Die Habsburger Zeit hinterließ einen Stadtkern wie aus einem Guß – mit dem schönsten Marktplatz am Kaiserstuhl.

14 Endinger Fundstücke

Von allen kaiserstühler Gemeinden wirkt Endingen am meisten kleinstädtisch. Dazu braucht es mehr als 7.000 Einwohner. Endingen verdankt seiner frühen Stadtgründung im Jahr 1290 und der folgenden Habsburger Herrschaft bis heute eine Bausubstanz, mit der andere Gemeinden am Kaiserstuhl kaum konkurrieren können. Die kleine historische Altstadt erinnert an jene vier Jahrhunderte, in denen Endingen Außenstelle Vorderösterreichs war. Die Habsburger Zeit hinterließ einen Stadtkern wie aus einem Guß, er kumuliert am schönsten Marktplatz des Kaiserstuhls – ein Ort mit Format und Stimmung. Der einst lästige Durchgangsverkehr auf der kopfsteingepflasterten Hauptstraße bleibt dem Ort dank einer Umfahrung nun erspart. So wirken die Fachwerkfassaden und Patrizierhäuser rund um den roten Sandsteinbrunnen noch schmucker. Endingen hat was.

Auffallend aber auch hier das multikulturelle Sammelsurium an Gewerbe längs der historischen Hauptstraße. In munterem Wechsel, oder soll man sagen, Schlag auf Schlag, erscheinen die unterschiedlichsten Zünfte: Dönerbräter und Pizzabäcker sind nun in einem Gewerk vereint, es gibt gastronomische Regenerierer und andere Illusionisten. Dazwischen immer noch Fachhandel und Handwerk im engeren Sinne: Brot und Kleingebäck im Bäckerei-Café *Griesbaum* in der Hauptstraße 64 gehören dazu. Schon die Laugenbrezeln mit

Wiederbelebt – Zum alten Wagenmann, Endingen

den dünnen, röschen Ärmchen und dem weichen, elastischen Leib sind eine Delikatesse und Meister Griesbaums Begeisterung für den Beruf ist eine Freude. Wenn es mehr solcher Bäcker gäbe, gäbe es weniger Schadgebäck.

Zu den Endinger Einzelstücken zählen auch gehütete Juwelen wie *Dr. Schötts Stadtapotheke,* mit einer sehenswerten historischen Offizin-Ausstattung in der Hauptstraße 41, dann die einladende Buchhandlung *Vollherbst-Koch* in der Hauptstraße 72, mit ansprechend präsentiertem Sortiment, auch regionale Literatur, Wanderkarten etc. Und natürlich die famose Metzgerei und Wursterei von *Markus Dirr* beim Brunnen am Marktplatz. Gleich nebenan – das zum Dirr'schen Anwesen gehörende, aber schon länger geschlossene – Gasthaus *Drei Könige.* Allein, Markus Dirr hat Arbeit mehr als genug. Drei Könige kann er nicht auch noch wach küssen und der Rest der Stadt hält sich vornehm zurück. Die alten Habsburger hätten die Drei Könige jedenfalls nicht einschlafen lassen.

Immerhin, im alten Stadtkern wächst auch Neues: so gibt es im Innenhof beim *Alten Wagenmann* seit Frühling 2014 wie-

Die Schilder seh' ich wohl, allein mir fehlt der Glaube

der was zu essen; an der Hauptstraße 59 bietet die Endinger *Schokoladenmanufaktur* ein breites Sortiment geschöpfter Bruchschokoladen. Vom Sternelokal *Merkles Rebstock* über Döner-Pizza und Zartbitter bis zur röschen Laugenbrezel – alles in einer Straße. Für kaiserstühler Verhältnisse bietet das Auf und Ab der Endinger Hauptstraße jedenfalls ein selten intensives Bild von Handel und Wandel. (Details im Adressenteil.)

Vom Wandel zeugt allerdings auch ein altbadisches Wirtshausschild, unter dem schon seit Jahren mehr oder auch minder gelungen italienisch praktiziert wird. Auch ein Relikt wie die (längst geschlossene) Eisenwarenhandlung *Otto Sartori* (Hauptstraße 68) gehört zu den Endinger Stolpersteinen. Durch die halbblinden Scheiben der zugesperrten Ladentür sieht man in ein Lokal, in dem der Einzelhandel im Wortsinne zuhause war. Jahrzehnte wurden hier Nägel und Schrauben abgewogen, dahinter eine Klaviatur von Fächern, Schubladen und Ablagen. Alles Geschichte. Es bleibt die Hoffnung, daß Eisen-Sartori nicht zum Nagelstudio wird.

„Ein durchaus städtisches Bild“ – Endingen, am Marktplatz

„Brunnen schmücken die Straßen und Plätze einer Stadt, die mehr Wein als Wasser hat“, war noch in den 50er Jahren über Endingen zu lesen. „Mit seinen Kirchenbauten und Bürgerhäusern, mit Rathaus, Kornhaus und Patrizierhäusern hat Endingen ein durchaus städtisches Gesicht und stellt in seiner Architektur ein verkleinertes Abbild von Freiburg dar“, schreibt der Geograph Friedrich Metz im Jahr 1951. So ist es bis heute, aber nicht nur: der innerstädtische Strukturwandel sorgt stets für Überraschungen und dazu kommen Ringe aus Neubauten und Dienstleistern, wie sie sich in den letzten 50 Jahren um jede Landstadt gelegt haben.

So gönnt sich Endingen nach dem Gewerbegebiet im Norden nun ein großzügig geschnittenes Neubaugebiet an der Straße nach Königschaffhausen. Es mangelt also nicht an Einfamilienhäuschen, Aktivmärkten und Wirbelsäulengymnastik. Endingen heute – alles, was das moderne Leben so ausmacht, liegt in SUV-Weite. Manchmal lohnt es sich aber doch, in die Nebengassen einer Kleinstadt vorzudringen und hängen zu bleiben, etwa in der Dielenmarktstraße:

Hier wird Ihnen geholfen – Oliver Haag in der Dielenmarktstraße

HAAG WEINKULTUR. Mitten in einem Weinbaugebiet hat es sich Oliver Haag zur nicht ganz undelikaten Aufgabe gemacht, tatsächliche Qualitätsweine aus nah und fern unter die Kundschaft zu bringen. Warum nicht, im Kaiserstuhl gilt wie im Piemont: auch andere Anbaugebiete haben trinkbare Weine. So bietet Oliver Haag einen eigensinnig, aber kompetent komponierten Querschnitt von lokalen und internationalen Spitzenproduzenten. Dazu eine Leidenschaft für's Thema, die den Täter vom Mitläufer unterscheidet.

Mitten im Raum der Weinkultur steht ein langer Holztisch. Dort wären einschlägige Besprechungen jeder Art möglich, des öfteren kommen zum Feierabend am Mittwoch oder Donnerstag ein paar Komplizen auf ein Glas vorbei. Jeden Samstagmittag, so ab 12 Uhr, ergibt sich in der Regel ohnehin ein geselliges Stelldichein mit korrespondierenden Weinen, dann gibt es auch ein paar Schnittchen dazu. Gut möglich, daß sich die gastronomische Abteilung der Vinothek in Zukunft noch etwas weiter entwickelt. Eine persönlich geführte Weinstube mit passender Mikrogastronomie ist ein Konzept, das derzeit landesweit aufblüht. Oliver Haag könnte damit zum Pionier am Kaiserstuhl werden.

Haag Weinkultur, in der Dielenmarktstrasse, 79346 Endingen, Tel. 07642-9286480, Di bis Fr 9.30 - 12.30 Uhr, 14 - 18 Uhr, Sa 9.30 - 14 Uhr. Veranstaltungen, Weinreisen: www.haag-weinkultur.de

KÄSEREI-MUSEUM. Das kleine Museum wurde in den Räumen der ehemaligen Käserei Risch (gegr. 1897) eingerichtet, die aktive Zeit der Käserei endete aber kurz nach dem 2. Weltkrieg; danach wurde das Geschäft noch als Milchladen weiter geführt. Eine wesentliche Belebung erfuhr das kleine städtische Museum erst unlängst durch die Eröffnung eines integrierten Monte-Ziego-Käseladens, der alle Produkte der Teninger Ziegenkäserei führt, dazu noch ausgewählte andere Hofkäse, Wein und etwas Feinkost. Kleine Kaffeestube, in der auch ein hausgemachter Käsekuchen serviert wird. Rempartstraße 7, Tel. 07632-9289520. Öffnungszeiten des Ladens: Mi bis Fr 14.00 - 18.30 Uhr, Sa 9 - 14 Uhr, jeden Mi um 17 Uhr Führung mit Verkostung (Anmeldung erforderlich; Gruppentermine jederzeit nach Vereinbarung).

SIÄSSES LÄDILI (Kaiserstuhl Chocolaterie), Hauptstraße 59. Die Kaiserstuhl-Chocolaterie produziert zum einen diverse Schoko-Tafel-Formate und Figuren, konfektioniert Fruchtgummis u.a. als Werbemittel für Firmenkunden (Produktionsort und Fabrikverkauf in der Ersteiner Straße 10); im Stadtgeschäft in der Hauptstraße 59 wird vorrangig selbst produzierte Bruchschokolade mit 35 bis 70 % Kakaoanteil angeboten, auch mit selbst gerösteten Zutaten, laufend auch Saisonangebote. Im Stadtgeschäft zu üblichen Öffnungszeiten. Produktion und Fabrikverkauf: www.kaiserstuhl-chocolaterie.de.

ZUM ALTEN WAGENMANN. Das Lokal in der Hauptstraße 38 bietet einen rustikalen, überdachten Innenhof, es kam im Frühjahr 2014 in die Hände einer gelernten Köchin und initiativen Gastronomin, die hier in die Selbstständigkeit startet. Kleine, ambitionierte Karte, auch mit regionalen Gerichten, wochentags mittags gibt es ein preiswertes Tagesessen, freundliche Atmosphäre; Programm und Küchenlinie sind derzeit noch im Werden, man wünscht einen guten Lauf. Endinger Hauptstraße, RT: Mi und Do mittags.

SCHINDLERS RATSSTUBE. Traditionshaus am Marktplatz der historischen Altstadt. Karte konventionell, Ambiente und Service korrespondieren mit den konservativen Angeboten. Von Dienstag bis Freitag gibt es preiswerte Tagesteller, sowie zwei kleine Mittagsmenüs. Schindlers Ratsstube, 79346 Endingen, Marktplatz 10, Tel. 07642- 3458, ♣ Terrasse. www.schindlers-ratsstube.de, RT: So ab 15 Uhr und Mo.

Fenchelschinken aus Meisterhand – Markus Dirr, Endingen

METZGEREI DIRR – Endingen: Zehn Jahre auf Achse als Koch, einige davon in Italien, haben Markus Dirr reichlich Anschauung in Sachen Qualität beschert. Speziell das Luftgetrocknete, auch am Knochen gereiftes Rindfleisch ist ihm ständige Herausforderung. Eigentlich bräuchte man über Markus Dirrs Fenchelschinken, über seine grobe Bratwürste nach endinger und toskanischer Art, über die Maultaschen und das trocken gereifte Fleisch nur schreiben: ausprobieren, kosten. Oder weiterwursteln und sein Geld für schlechte Kompromisse ausgeben.

„Es fängt beim Messer an und hört beim Darm auf", hat mir *Markus Dirr* mal zum Thema gehobene Wursterei gesagt, wobei das Geheimnis einer guten Wurst eigentlich eine Selbstverständlichkeit ist: „Das Fleisch schlachtwarm verarbeiten und kein Scheißdreck neimache."

So einfach wäre das also, aber es gibt bekanntlich nichts, was nicht billiger und schlechter ginge: Landwirte können subventionierte Starkzehrer wie Mais anbauen und auf einem Feld nebenan Stilllegungsprämien beziehen. Aus dem

Am laufenden Meter – Maultaschenproduktion bei Dirr, Endingen

Fördermais wird Kraftfutter, welches sodann im Gülledreieck Westfalens von Mästern verfüttert wird, die wiederum ihre Schweinehälften in den Breisgau entsenden, auf daß „Original Schwarzwälder Schinkenspeck" mit geschützter Herkunftsbezeichnung aus ihnen werde. Es muß ja nur eine Produktionsstufe im geschützten Herkunftsgebiet liegen. Aber lassen wir das.

Markus Dirr ist schon lange aus dem Mehr-und-Billig-Hamsterrad ausgestiegen, er hat Mäster mit speziellem Kostplan für seine Schinkenschweine gefunden. Dirrs Reiferäume für Schinken und Frischfleisch wurden mit den Jahren optimiert, die luftgetrocknete Schinken- und Salamispezialitäten schmecken für sich, seine Kalbskoteletts an der langen Rippe sind Legende, die Blut- und Leberwurst aus Endingen ist für manch' einen Lebenswurst – allerdings gibt es für Leberwurst noch keine Subvention. Deshalb müssen Qualitätsquerulanten wie Dirr einen anderen Arbeitsethos haben. Schwarmdummheit und Gleitzeit gehören nicht dazu.

Längst haben die Medien seine Witterung aufgenommen und manchmal muß einem bange werden, daß Dirr nicht vom Metzgermeister zum Metzgerdarsteller wird. Kameratauglich ist er, reden kann er auch. Andererseits hat Dirr einen Dickkopf, der Spurtreue garantiert. Seine Haltung ist eine Lebenslinie, nicht Marketing.

Beim letzten Treffen haben wir uns unter anderem über Reagenzglasküche und die Roßtäuscherei mit Hinterwälder&Co. unterhalten. Zum Thema Qualitätsbewußtsein in der deutschen Küche nur soviel: Ein renommierter Fleischhändler im Südwesten verkauft seine allerbesten Schwarzwälder Rinderhälften seit Jahr und Tag gerne nach Spanien. Denn nur dort bekommt er das Geld, das tatsächliche Premiumqualität nun mal kosten muß. Die Einkaufsgewohnheiten der hiesigen Gastronomie bescheren auch so manches Aha-Erlebnis. Schön, daß es noch welche gibt, die mit der Weltverbesserung bei der Wurst anfangen.

Metzgerei & Wursterei Dirr, 79346 Endingen, Königschaffhauser Straße (am Ortsausgang Richtung Königschaffhausen, hier die neue Filiale mit Wurstküche, Schinken-und Fleischreifekammern, Plattenservice); Stammhaus am Marktplatz 3, Tel. 07642-8722 und 1627. Ein Teil des Dirr-Sortiments (u.a.: Maultaschen, Luftgetrocknetes und diverse Würste) ist in Freiburg im **Käseladen Rücker** zu bekommen (Schoferstraße, obere Altstadt zwischen Münsterplatz und Schloßberggarage). Markus Dirr ist mit einem Verkaufswagen meist persönlich auf dem Wiehre-Markt in Freiburg anwesend, Mittwochnachmittag und Samstagvormittag.

Metzgerei Feißt, Teningen: Nicht nur am Kaiserstuhl, auch anderswo haben die Metzger schöne Würste, dazu auch zarte Lammkoteletts und gute Fleischqualität. Die Metzgerei Feißt in Teningen wäre auch so ein Musterbetrieb, nach dessen Besuch man eigentlich eine Beißhemmung an jeder Supermarkt-Theke bekommen müßte. Wer also entsprechend disponiert ist und sein Geld nicht für Wasser und Zuschlagstoffe ausgeben möchte, sondern für Qualität und Geschmack, einfach mal reinschauen (und auch dort gezielt nach trocken gereiftem Fleisch fragen!) Metzgerei Feißt, 79331 Teningen, Riegeler Straße 2, Tel. 07641-8446.

Moderne Bleibe unterm Fachwerk – Zollhaus, Endingen

Moderne Zimmer im alten Zollhaus Endingen: Vier schlicht-moderne, einladend und komfortabel möblierte Gästezimmer (direkt gegenüber vom Gourmetlokal *Merkles Rebstock*) gibt es im gründlich renovierten historischen Zollhaus. Helles Design mit funktionalen Formen, ansprechenden Farben und hochwertigen Materialien, warme Holzböden, offenes Fachwerk. Drei Doppelzimmer (ab 109 Euro), eine Suite, jeweils mit Frühstück (keine Hunde). Eine zeitgemäß gestaltete Unterkunft, in dieser Form selten im Kaiserstuhl.

Zollhaus Endingen (Michael Kaltenbach; Reservierung Susanne Huwer, Hauptstraße 3, 79346 Endingen am Kaiserstuhl, Tel. 07642-9202343, www. zollhaus-endingen.de

Sommerfrische bei Endingen: Der Erlebadweiher ist eine Mischung aus angelegter Badestelle und nostalgischem Landvergnügen. Eine Mauer mit Steg und Sprungpodest staut den Bach im unteren Erletal zum Weiher, außen rum Liegewiesen und ein Sommerkiosk. Unter der Woche unaufgeregt-provinzieller Betrieb, ideale Erfrischung nach einer Tour über den Katharinenberg. Parkplätze, Wanderwegweiser: Erlebad auf 202 m.

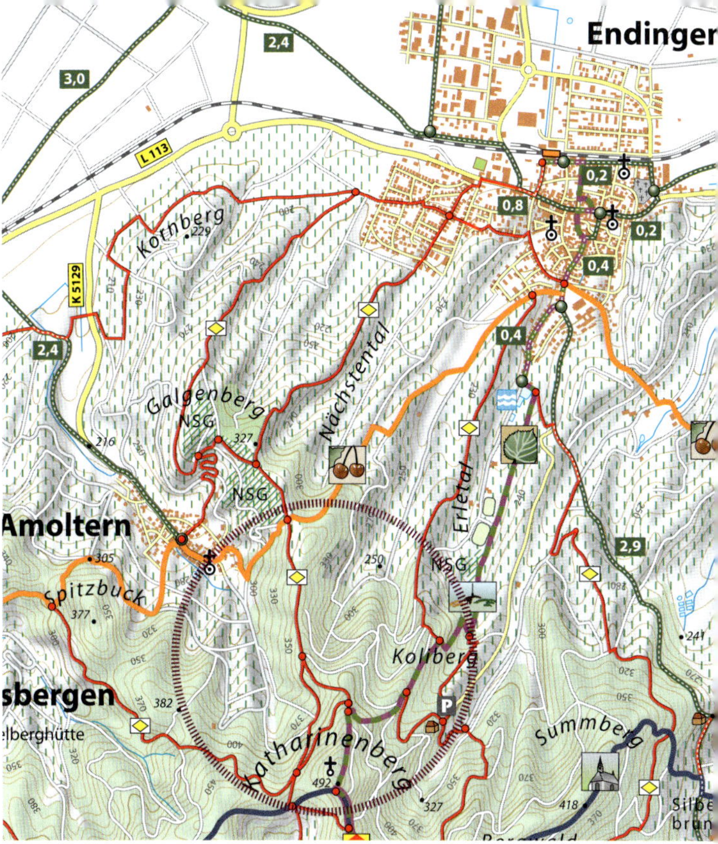

Erletal – Katharinenberg: Vom Erleweiher aus führt auch der Aufstieg (auf der Route des Kaiserstühler Nord-Süd-Weges/bzw. Neunlindenpfad) hoch zum Katharinenberg und zur gleichnamigen Kapelle auf 492 Metern Höhe, lohnende Fortsetzung bis zur Eichelspitze möglich. Der Weg verläuft zunächst durch das Reben-, Obst- und Kleingartenland im Tal, später über die Wanderwegkreuze: Beim Erleloch, 281 m; Saulache, 401 m; Seilnachtskreuz, 412 m, ansteigend bis zum Katharinenberg, Höhendifferenz vom Tal aus gut 200 Meter. Der kürzeste Zugang zum Katharinenberg beginnt im hinteren Erletal am bereits höher gelegenen Wanderparkplatz Erlendobel, Wanderwegkreuz auf 316 m.

Die Katharinenkapelle stammt von 1862. Früher offen im Land gelegen, ragt die kleine Wallfahrtskirche heute kaum mehr über die Baumspitzen. So bietet der Gipfel leider nur eingeschränkte Aussicht. Warum läßt man solche Landmarken eigentlich immer wieder zuwachsen?

Weißer Kaiserstuhl – Kirsche blühen, Spargel sprießen

Während der Obstblüte wird der Nordrand des Kaiserstuhls zur weißen Küste – nicht der Wein, sondern das Steinobst bestimmt das Landschaftsbild.

15 Kirschen und Königschaffhausen

Der kaiserstühler Kirschengürtel reicht von Riegel über Endingen und Königschaffhausen bis Sasbach. Während der Obstblüte wird der Nordrand des Kaiserstuhls zur weißen Küste – nicht der Wein, sondern das Steinobst bestimmt dann das Landschaftsbild. Wobei die alten Hochstamm-Solitäre immer mehr von effektiv bearbeitbaren Plantagen verdrängt werden. Ein 18 Kilometer langer Themenweg, der *Kirschbaumpfad* vom Riegeler Dürleberg bis rüber nach Sasbach, erschließt das Gebiet. Aber schon auf einer kurzen Landpartie auf den Kreisstraßen am nördlichen Kaiserstuhlrand bekommt man einen guten Eindruck von der Intensität des kaiserstühler Kirschanbaus, etwa auf der Partie von Endingen hoch nach Amoltern (vgl. zum Thema Kirschen auch S. 289).

Hoch nach Amoltern: 400 Einwohner, ein Kirchturm und Talschluß. Kirschen und Reben ringsum. Die üblichen Klischees von der „Fuchs und Has"- Idylle liegen hier auf der Hand. Tatsächlich führt der fehlende Durchgangsverkehr in Amoltern zu einem anderen Takt. Man hört, wenn der Nachbar im Hof anspannt und wenn im Herbst die Schlepper mit

Ganzkörperbegrünt – Sonne in Endingen-Amoltern

Traubenbottichen vor der Annahmestelle des Winzerkellers warten, ist die Illusion des Winzerdorfes perfekt.

Andererseits hat der gesamtdeutsche Baumarktstil längst auch Amoltern erreicht. Ein Blick in die Gassen genügt und man sieht, daß die alte Stilsicherheit der Landbevölkerung den Versuchungen bei Praktiker und Obi nicht widersteht. Wer jedoch vor der grün umrankten Fassade der *Sonne* sitzt, hört den alten Sound von Schlepper und Kreissäge, und manchmal hört man ein paar Minuten lang gar nichts.

Der lokale Spruch zur Talschlußlage geht so: „Amoltern, da fährt man nicht durch, da fährt man hin" – allerdings bleibt einem auch nichts anderes übrig.

Handgesiedete Seifen: Und siehe da, weit hinten im St. Katarinenweg Nr. 10, wird sogar wieder Seife gesiedet, mit der Hand. Claudia Kutschera, Colibri, handgesiedete Seifen aus Pflanzenölen und Fetten, Naturprodukte, Kräuterkurse, Tel. 07642-931244.

SONNE, Endingen-Amoltern: Versteckt gelegenes Dorfgasthaus mit Retrostimmung. Beschaulich sitzt man auf der gepflasterten Freiterrasse, die etwas kunterbunte Karte reicht vom Wurstsalat über eingemachtes Kalbfleisch bis zur freien Interpretation des Bündner Capunet

Rast am Fuß des Galgenbergs – Blick auf Amoltern

(hier: Spinatspätzle mit Gorgonzolasauce). Wein vom eigenen Weingut, einzelne preiswert kalkulierte Flaschenweine. Der Platz zieht seinen Reiz aus der ländlich-abseitigen Atmosphäre. Sonne, Tel. 07642-7242. RT: Di und Mi bis 17 Uhr. Preise: günstig.

Tour zur Amolterer Heide (vgl. auch Karte S. 209): Die schmale Dorfstraße ist noch ein Stück über den Heidehof hinaus in Richtung des Wanderwegweisers Amolterer Heide (325 m) befahrbar. Man schraubt sich auf der steil bergan führenden Heidestraße förmlich in die Lößterrassen des nordwestlichen Kaiserstuhls hinein und genießt weiter oben auf der Heide die Lichtstimmung im Westen. Besonders am Abend gibt es intensive Momente, wenn der Blick bis zu den Vogesen reicht und letzte Sonnenstrahlen für sachte Wärme sorgen. Dazu eine Vegetation, die an den warmen Böschungen praktisch keine Winterpause macht – etwas blüht hier fast immer. Rund um den 327 Meter hohen Galgenberg gibt es exponierte Aussichtspunkte und einen Pavillon.

Naturschutzgebiet Amolterer Heide: Bereits 1939 wurden 10 Hektar der Amolterer Heide geschützt. Die artenreiche Flora und Fauna auf den dortigen Halbtrockenrasen sind das erste und älteste Naturschutzgebiet im Kaiserstuhl. Pflanzenvorkommen u.a.: Knabenkrautarten, Küchenschelle, Großes Windröschen (genannt: Kaiserstuhl-Anemone), Kalkaster. Viele Falter, besonders Bläulinge. Dennoch wurden zwischen den 50er und 70er Jahren auf bis zu 75 Prozent der Fläche wieder Reben

Kaiserstuhl querbeet – Bauernladen in Königschaffhausen

angelegt. Zugang zur Amolterer Heide von Endingen aus: über den Kirschenpfad im Nächstental direkt hoch zum Wanderwegkreuz Amolterer Heide, 325 m; ein schöner, gut 2 km langer Wanderweg.

Königschaffhausen ist nicht nur Weinort, die Endinger Teilgemeinde gilt auch als Zentrum der Obst- und Kirschkultur am Nordkaiserstuhl: also gibt es ein alljährliches Kirschenfest mit ländlichem Rahmenprogramm und korrespondierendem Täterä. Die Obststände längs der Ortsdurchfahrt präsentieren lokale Ware und preisen neuerdings auch alte Landsorten. Es gibt Kirschsaft, Sauerkirschnektar, Kirscheis und Landluft. Der Reihe nach:

Kaiserstühler Bauernladen: ein Querschnitt lokaler Produkte in ansprechender Präsentation zu den üblichen Ladenzeiten, direkt an der Ortsdurchfahrt gelegen, Endinger Str. 21. Tel. 07642-7692.

St. Katharinenkellerei, Endinger Straße 8, Tel. 07642-90400. Fruchtsaftkellerei mit breitem Angebot (ca. 15 Sorten Fruchtsaft und Fruchtnektar), darunter auch ein trüber Apfelsaft aus ungespritztem heimischem Streuobst, außerdem Fruchtliköre und Obstbrände.

Kleines Gedeck – Kaiserstühler Landeis, Königschaffhausen

Kaiserstühler Landeis (beim Hotel-Gasthaus Stube). Die ehemalige Gasthaus-Kegelbahn wurde 2008 zur Endinger Eismanufaktur mit kleinem Eissalon und großer Freiterrasse über der Gass'. Es gibt hier ausschließlich Eigenproduktion aus regionaler Milch und lokalen Zutaten, keine künstlichen Aromen, die Fruchteissorten sind laktosefrei. Die Terrasse wird speziell an warmen Sommertagen und an den Wochenenden – obwohl etwas abseits der Durchgangsstraße gelegen – zum beliebten Treffpunkt, mitunter herrscht ein prozessionsähnliches Kommen und Gehen. Kein Wunder, die Mädels im Service tragen ein lautes Grün und ein frisches Lächeln, die Becher sind hoch, der Landeis-Schmelz ist cremig und rund, die Auswahl an Sorten und Aromen riesig. Untere Guldenstr. 10, 79346 Königschaffhausen, Tel. 07642-3377, geöffnet Do bis Di, jeweils von 11-22 Uhr, Mi von 14-18 Uhr.

Es reißt auf – Kiechlinsbergen im Vogesenföhn

Kiechlinsbergen: Das Fachwerkdorf Kiechlinsbergen lag einst im stillen Winkel des Kaiserstuhls. Die Talschlußlage ist durch den Bau der Straße nach Oberbergen aber längst Geschichte. Seither ist der 1000-Seelen-Ort nicht mit der Welt, aber immerhin mit dem inneren Kaiserstuhl verbunden. Kulinarisch bietet Kiechlinsbergen mit der *Stube* ein Haus für Ansprüche, die zwischen Mittel- und Oberklasse liegen. Das mag etwas unscharf klingen, aber exakt so schmecken die Dinge nun mal. Nur vespern im rustikalen Gewölbekeller der Stube ginge aber auch. Nach einer Herbsttour eine knackig kalte Flasche Riesling, dazu Bauernbrot oder vom hausgemachten Zwiebelkuchen, der im Oktober jeden Mittwoch und Donnerstag im Stubensaal serviert wird – das wäre dann schon wieder echte Oberklasse.

DUTTERS STUBE – Kiechlinsbergen. Ambitionierter Landgasthof mit Rustikalableger *Dorfwirtschaft* im Gewölbekeller. Im eher bieder möblierten Stubenrestaurant wird kaiserstühler Landhausstil praktiziert – optisch und kulinarisch: es gibt gehoben bürgerliche, teils auch etwas prätentiös auf-

Landgasthof mit Ambition – Dutters Stube, Kiechlinsbergen

geschäumte Küche. Typische Gerichte wären etwa: hausgemachte Gänseleberterrine mit Ruländer-Gelee; Saibling auf Meerrettichschaum, Mousse von geräucherter Lachsforelle, auch Martinsgans. Gepflegtes Weinangebot mit vielen regionalen Erzeugern. Samstag und Sonntag gibt es ein 3-Gang-Mittagsmenü zu 25 Euro. Vesper mit hausgebackenem Brot, Salate und kleine warme Teller werden unten in der *Dorfwirtschaft* serviert; oben im *Stubensaal* von Ende September bis Ende Oktober jeden Mittwoch und Donnerstag ab 18 Uhr ofenfrischer Zwiebelkuchen und ebenfalls Vespergerichte.

Dutters Stube, 79346 Endingen-Kiechlinsbergen, Winterstraße 28, Tel. 07642-1786, www.dutters-stube.de; RT: Mo und Di, werktags ab 18 Uhr, Sa, So und Feiertage auch 12-14 Uhr, Dorfwirtschaft: Mi, Do, Fr und So ab 17 Uhr; vier schöne Gästezimmer im Haus, Preise: in der Dorfwirtschaft: günstig; im Restaurant: gehoben-hoch.

Die **Pizzeria Adler** am unteren Dorfende fällt schon wegen ihrer Oberhauser Anmutung auf: „Ab 17.30 Uhr geöffnet. Montag Ruhetag und je nach Lust" – liest man an der Fassade. Ein weiterer, im Bettlakenstil bemalter Banner klärt auf: „Fisch essen hat mit Bildung und Kultur zu tun. Lernt auch Euren Kindern gesund zu leben." Dem ist uneingeschränkt zuzustimmen. Vielleicht, falls Schimanski zu Besuch kommt.

Goldenes Dreieck: Tuniberg, Ehrentrudiskapelle, Kapellenberg

Anders als der Kaiserstuhl ist der Tuniberg handlich und allseits zugänglich. Auslauf und Balkon in einem.

16 Tuniberg kreuz und quer

Geologisch gehört die Lößscholle Tuniberg noch zum Kaiserstuhl, sozial aber eher zu Freiburg. Das ist schon daran zu erkennen, daß an einem gewöhnlichen Nachmittag ebensoviele Anwohner ihren Hund zwischen den Reben ausführen, wie Winzer ihren Traktor. Das Verhältnis von Landarbeitern zu nordisch Gehenden oder eilig Radelnden ist mehr als ausgeglichenst.

Eine nur zwei Kilometer breite Senke zwischen Gottenheim und Bötzingen trennt den Kaiserstuhl vom Tuniberg, im Landschaftsgefühl sind die Unterschiede aber deutlicher. Die östlichen Tuniberg-Randgemeinden liegen verkehrsgünstig zu Autobahn und Großstadt, sie sind längst nach Freiburg eingemeindet, auch der soziale Takt kommt von außerhalb. Man lebt hier zwar auf dem Land, ist aber Doppelverdiener in der Doppelhaushälfte, also bitte keine Misthaufen und kein Hühnerstall. Und mehr als zwei, drei Ster Kaminholz passen auch nicht unters Dächle im Gärtle.

Planiert und gut erschlossen. An Tuniberg-Etiketten ist kein Mangel: Kleiner Bruder des Kaiserstuhls – Weingarten Frei-

Kleine Welt am Tuniberg – am Rebhüttleweg bei Gottenheim

burgs – Burgunder-Oase. Anders als der Kaiserstuhl ist der Tuniberg flach, handlich und allseits zugänglich. Grüner Auslauf und Aussichtsbalkon in einem. Schon in den 30er Jahren des letzten Jahrhunderts hat der Freiburger Geograph FRIEDRICH METZ ein Siedlungsbild des Tunibergs präzise beschrieben, bis heute hat sich an der Grundstruktur wenig geändert:

„Die lößbedeckte, wasserarme Hochfläche weißt kein einziges Dorf auf. Auch die Verteilung der Siedlungen an den Außenrändern ist bezeichnend. Durchaus bevorzugt scheint die Ostseite, wo die Dörfer sich auffallend häufen. Der Tuniberg dacht sich nach Osten ab, dort breitet sich eine wasser- und wiesenreiche Niederung aus, und von der Ostseite aus lassen sich die Feldflächen leichter bebauen."

Flurbereinigung und Erschließung mit geteerten Landwirtschaftswegen haben am Tuniberg gut zehn Jahre vor jener im Kaiserstuhl eingesetzt. Schon vor gut 50 Jahren wurden die kleinräumigen Weingärten in Richtung Plantagenlandschaft planiert. Parallel dazu wurde ein dichtes Wegnetz angelegt,

Flurbereinigt und erschlossen – Tuniberg Radwege

viele Strecken sind heute glatt asphaltiert – auch zur Freude der vielen Radfahrer, die hier praktisch ganzjährig auf Tour sind. Nur manchmal weiß man vor lauter Tuniberg-Höhenweg, Tuniberg-West- und Ostweg, Burgunderpfaden und Radwanderwege nicht mehr wohin. Aber das sind Nebensachen, wichtig ist: der Tuniberg geht auch mal zwischendurch, einfach so, für ein, zwei Stunden Auslauf. Man kommt schnell hin und weg.

Bis auf wenige Siedlerhöfe ist der innere Tuniberg ein reines Wein- und Obstland, die acht Gemeinden liegen am Rand des Berges, der eigentlich keiner ist. Eher ein flacher Buckel für Weinbau und Outdoor-Geschehen aller Art. Im Süden und Westen des Tunibergs bei Merdingen erreicht die windverfrachtete Lößschicht freilich eine Stärke von bis zu 40 Metern, was an der steilen Bruchkante zum Rheintal für natürliche Aussichtsplattformen sorgt, etwa am *Panoramaweg* zwischen Munzingen und Oberrimsingen. Ideale Plätze, um Körper und Geist von der Leine zu lassen.

Auslauf mit Ausblick – am Tuniberg Westweg

Ausgangspunkte für Tuniberg-Touren

Asphaltierte Landwirtschaftsstraßen, von denen viele für den öffentlichen Verkehr zugelassen sind, erschließen den gesamten Tuniberg kreuz und quer. Der motorisierte Umtrieb hält sich dennoch in Grenzen. Alle Wege sind sowohl für Fußgänger als auch für Radfahrer mehr als ausreichend beschildert.

Attilafelsen (oberhalb Niederrimsingen, vgl. Karte S. 226): Kurze, aber heftig steile PKW-Zufahrt von Niederrimsingen aus. In wenigen Kehren erreicht man einen der besten Ausgangspunkte für Tuniberg-Touren (Parkplatz, Sportplatz, Wanderwegkreuz). Schöne Sicht auf den Rimsinger Baggersee, der ein schöner Badeplatz sein kann, wenn sich nicht gerade wieder einige Badegäste wie Außerirdische verhalten (Müll, allgemeine Wurstigkeit; der alte Übername „Schweinebucht" hat immer noch Gültigkeit, vgl. übernächste Seite). Aber wir sind am Attilafelsen und beobachten das

Geschehen aus der Distanz, oder von einem Bänkle aus, das richtig steht, um einen grandiosen Sonnenuntergang zu erleben.

Tuniberg-Ostweg bzw. Westweg: Die Tourenmöglichkeiten vom Attilafelsen reichen von kurzer Runde bis zur Halbtageswanderung (es gibt auch ausgeschilderte Themenwege). Paraderoute bleibt aber der Tuniberg-Ostweg bzw. Westweg zwischen Gottenheim im Norden und Oberrimsingen bzw. Munzingen im Süden. 12 bzw. 15 km durch Reben und nichts als Reben; Höhendifferenz 200 Meter, nur kurze, kräftige Anstiege. Häufig Panoramasicht nach zwei Seiten. Im Osten die Dreisambucht mit Freiburg, Schönberg, im Hintergrund Kandel, Schauinsland und Belchen, bei guter Sicht erscheint dahinter noch der Feldberg. Im Westen Kaiserstuhl, Rheinebene, Vogesen. In Riechweite mannshohe Rosenbüsche, die tunibergtypisch dekorativ ans Ende der Rebzeilen gesetzt wurden.

Outdoor mit Rosenduft: Vom Mai bis weit in den Herbst sind die Rosenbüsche zu einem blühenden Markenzeichen der Tuniberg-Wege geworden. Die verbreitete Annahme, die

Straßenbegleitrot – am Tuniberg Höhenweg

Rosen hätten neben ihrer ästhetischen Bedeutung auch eine Funktion als Mehltau-Zeigerpflanze für den Weinbau, hört sich zwar gut an, stimmt aber nicht. Der Rosen-Mehltau und jener der Reben sind unterschiedliche Pilze, außerdem wäre es eh zu spät, zu spritzen, wenn die Rosen Befall zeigen.

Eine Zier sind sie trotzdem, die rosa blühenden Mandel- und Weinbergpfirsichbäume im Frühling, die blühenden und duftenden Reben im Juni, das Straßenbegleitrot der Rosen im Sommer, die paar Kirsch-Solitäre, die doch noch am Feldrand stehen, die Bänke mit Sicht bis zum Freiburger Münster. Großes Finale dann an der Südspitze vom Tuniberg, die wie eine Aussichtsplattform über dem Rheintal hängt.

Zufahrt zu den **Panoramawegen** (vgl. Karte S. 226): Eine direkte und kurze Stichstraßenzufahrt zum Tuniberg Panoramaweg beginnt gegenüber vom Golfplatz bei Munzingen (Abzw. von der B 31 Munzingen - Oberrimsingen: kurz nach dem

Golfplatz-Parkplatz scharf rechts ab, dann folgt eine kleines Schild ‚Tuniberg Höhenweg'). Schon bei der Auffahrt über die Rebterrassen am Kapellenberg immer wieder grandiose Sicht nach Süden: Südschwarzwald, Rheintal und Vogesen bilden ein 270 Grad-Panorama. Später kommt noch Sicht auf die Freiburger Bucht hinzu.

Wer einem Besucher Siedlungs- und Landschaftsformen im Südwesten erläutern möchte, muß nur zu den beiden Aussichtsbänken bei der Birke über dem Golfplatz hochfahren, der Rest erklärt sich von allein. Alternativ: direkte Auffahrt zur Ehrentrudiskapelle ab Ortseingang Munzingen.

Rimsinger Baggersee: Der See könnte mit seinem klaren Wasser, dem weitläufigen Kies- und Sandufer und dem Baumschatten eine Oase sein. Könnte, wäre da nicht die fehlende Kinderstube marodierender Proleten, die nicht nur im Stadtbild auffällt, sondern auch draußen. Es wurde in den letzten Jahren mehr oder minder restriktiv versucht, die hochsommerlichen Besucherströme am See zu lenken und zumindest an gewissen Uferzonen so etwas wie eine zivilisierte Badeduldung zu etablieren. Der Erfolg war bescheiden, die Verhältnisse hängen

natürlich auch von der Saison und der aktuellen Zugangslage ab. Mit etwas Findigkeit und azyklischem Verhalten mag man eine lauschige Ecke finden. Kürzester Zugangsweg von der L 134 Oberrimsingen – Gündlingen: nach dem Werksgelände und der Waldpassage rechts ab (durchgehend Halteverbot am Straßenrand); die mögliche Zufahrt von Niederrimsingen aus wird kontrolliert.

Als mögliche Einkehr nach dem Bade liegt die **Tanne** in Niederrimsingen praktisch am Wege. Die Anmutung im Biergarten harmoniert zudem mit der frugalen Baggerseeatmo. Der Grund gekiest, die Plastikstühle weiß, der Schatten dicht. Rimsinger Sommerfrische, für das Bier danach sicher eine Möglichkeit. Tel. 07664-24 84, ab 11 Uhr durchgehend, auch die Küche, mittags preiswertes Abo-Essen.

Sonneninsel Tuniberg. Bei einer Südwestwetterlage liegt der Südwestzipfel des Tuniberges im Windschatten der Vogesen. Dies erklärt die geringe Niederschlagsmenge von 650 bis 700 Liter pro Quadratmeter und Jahr. Die Niederschlagswerte in der Vorbergzone und in Staulagen der Freiburger Bucht liegen dagegen vereinzelt über 1000 Liter, in Kammlagen des Schwarzwaldes bei bis zu 2000 Litern. Während auf der Trokkeninsel um Colmar, die noch ganz im Regenschatten der Vogesen liegt, nur um 400 Liter Jahresniederschlag fallen. Dies entspricht Niederschlagswerten an den südspanischen Mittelmeerküsten.

Buckeln im Akkord – Spargelbarone lassen ernten

Wenn der Vogesenföhn bis weit ins Rheintal reicht, öffnet sich über den Südwestkanten von Kaiserstuhl und Tuniberg ein Sonnenfenster, während sich am Schwarzwald dunkle Wolken stauen. Wer an so einem Tag über die Weinterrassen zwischen Munzingen, Rimsingen oder Merdingen zieht, durchströmt vom Wetterglück, hat alles richtig gemacht.

Massenspargel – Folienspargel – Biospargel

Tuniberg und Spargel sind ein Paar. Die Wirtshausbeflaggung „Frischer Spargel" zeigt trotz inflationärem Auftritt offenbar noch immer Wirkung, obwohl Spargel längst zum agroindustriellen Massenprodukt wurde. Dank Folienkultur beginnt die Spargelzeit im klimatisch begünstigten Südwesten immer früher, zehn Wochen Saison von April bis Ende Juni sind die Regel. Ältere Tunibergwinzer wissen noch zu erzählen, wie es früher ein, zwei Spargel-Sonntagsessen gab. Man erntete von ein paar verwilderten Stauden, die in den Reben standen und gut war mit der Spargelzeit.

Passen gut zusammen – Spargel, Lößböden und Tuniberg

Biolandwirt Klaus Vorgrimmler kultiviert in Freiburg-Munzingen auf eineinhalb Hektar Fläche Spargel und das mit dem Kultivieren sieht Vorgrimmler sehr ganzheitlich. Im Vergleich mit den effizienzorientierten Spargelbaronen, die dreistellige Hektarflächen bewirtschaften, wirkt Vorgrimmler aber wie ein Freestyler. Begrünte Randstreifen zwischen überschaubaren Feldern, dazwischen Hecken und Rückzugsgebiete statt ausgeräumter Flächenlandwirtschaft. Über die tonnenschweren Mammutschlepper schüttelt er den Kopf. Vorgrimmler ackert am Rand des Tunibergs in reinem Löß, warme, fruchtbare Scholle.

Vor 50 Jahren, als der Spargel noch eine Spezialität war, schrieb der Heimatgastrosoph Franz Schneller über diesen Boden: „Fragt die alten Köchinnen des Breisgaus, die euch sagen werden, es gehe nichts über die Spargel aus Munzingen, deren Kraft und Würze von einem Boden zeugen, der gottgewollt zur Spargelzucht bestimmt ist.“ (Franz Schneller, Zu Tisch zwischen Schwarzwald und Vogesen, Karlsruhe 1965).

Wenn Vorgrimmler am Morgen schaut, ob die ersten Spar-

Schwarze Folie außen = warme Böden, frühe Ernte

gelspitzen schon die Lößdämme durchbrochen haben, entdeckt er meistens auch seine zwei Hausfasane. Die mögen zwar keinen Spargel, aber unter dem Geziefer, das auf den humusreichen Ökoböden gedeiht, ist für sie immer ein Bissen dabei.

Vom Kaisergemüse zum Massenprodukt: Vorgrimmlers Landwirtschaft wird damit zum Gegenteil der industriell bewirtschafteten Sonderkulturen. Die sind durch eine immense Ausweitung der Anbauflächen entstanden: Zwischen 2000 und 2014 kam es allein im Landkreis Breisgau-Hochschwarzwald zu einer Verzehnfachung der Anbaufläche auf nunmehr 1100 Hektar. Der Spargel liegt damit nach dem Weinbau (6.000 Hektar) auf dem 2. Platz der Sonderkulturen, noch weit vor dem Obstbau mit 600 Hektar und Erdbeeren mit knapp 400 Hektar.

Das Kaisergemüse ist damit längst zum Massenprodukt runtergewirtschaft. Bis zu 10.000 Saisonarbeitskräfte aus Osteuropa sorgen (gegen Niedriglohn und Logis in Containern) allein in den Landkreisen Emmendingen und Breisgau-Hoch-

Pionier der Bio-Spargelkultur – Klaus Vorgrimmler

schwarzwald dafür, daß Spargel auch für den Empfänger von Transferleistungen erschwinglich bleibt. So dienen ertragsstarke, aber schwacharomatische Sorten nebenbei auch der sozialen Illusion. Solange andere buckeln, mag mancher denken, ist meine Welt noch im Lot.

Klaus Vorgrimmler ist mit eineinhalb Hektar kein Spargelbaron, sondern Winzer und Bio-Landwirt. Zur Kurzzeitbegrünung zwischen den Dämmen hat Vorgrimmler mal Senfsaat ausgebracht. Worauf die Ernte mit einer Mostrichnote überraschte. Seither verwendet Vorgrimmler Ölsaaten, will heißen: Spargel nimmt den Boden bis in den Kochtopf mit, eben deshalb ist Bioanbau wichtig und deshalb schmeckt falsche Düngung bei einem Starkzehrer wie Spargel so penetrant. Wenn sich auf dem Spargelwasser trüber Schaum absetzt und es über dem Herd duftet, wie ein Sack Nitrophoska nach dem Aufreißen, dann wäre dies ein Hinweis auf zu viel Kunstdünger.

Frühe Ernte durch zweiseitige Folie: Vorgrimmler nährt seine Pflanzen mit verrottetem Mist und stärkt damit auch deren Abwehrkräfte. Chemische Schädlingsbekämpfung ist tabu, auf die Folienkultur kann und mag er aber ebenso wenig verzichten wie die südbadische Spargelindustrie, die mittlerweile Flächen hoch im dreistelligen Hektarbereich bewirtschaftet. Seit Jahren gibt es die Folie praktischerweise mit zwei Seiten: zu Anfang der Vegetationsphase bringt die schwarze Außenseite Wärme in den Boden und sorgt so für schnelles Wachstum; später läßt sich mit der weißen Seite Lichteinfall und Unkrautwuchs verhindern und die Erntemenge regulieren. So wirkt die Folie je nach Lage wie ein biologischer Tritt auf Gaspedal oder Bremse. Im Idealfall fallen über Wochen konstante Erträge an, bis dann am 24. Juni eine alte Spargelregel greift:

Kirschen rot, Spargel tot

Bis dahin sorgen Sorte, Bodenqualität und Düngung, vor allem aber die Frische für den Genuß. Die Handelsklassen regeln dagegen rein formale Kriterien: Spargel der Klasse „Extra" muß 12 Millimeter Mindestdurchmesser bringen; Klasse I hat zehn; Klasse II acht Millimeter. In der europäischen Spargelverordnung werden Maße und Toleranzen auf immerhin sechs Seiten erörtert, das Wort „Aroma" kommt nicht vor.

Fest geschlossene Köpfe, Quietschen der Stangen beim Aneinanderreiben und ein heller Ton beim Aneinanderklopfen sind Frischezeichen. Stangen, die im Anschnitt „fasrig wie eine Dachlatte" aussehen, haben ihre beste Zeit hinter sich.

Dank Hofverkauf und Stammkundschaft kann Vorgrimmler auch auf Dumpingpreise und Handelsklassen verzichten. „Bei mir kostet ein Kilo durch die ganze Saison um acht Euro, unsere Arbeit ist ja auch immer die gleiche."

Der Zubereitungs-Aufwand in der Gastronomie ist auch immer der gleiche – um so mehr erstaunt es, daß der Einkaufspreis mitunter mehr zählt als das Aroma. Angesichts mancher Gastronomiepreise erinnert sich der Spargelfreund ohnehin gerne an die altbadische Volksweisheit, nach der

Der Spargel erobert die Neubaugebiete am Tuniberg

Spargel zu Hause am besten schmeckt.

Die fruchtlose Diskussion um den passenden Wein überläßt man am Spargelmekka Tuniberg den Theoretikern. Silvaner, Riesling, Weißburgunder, Müller-Thurgau oder auch ein Gutedel aus dem Markgräflerland – alles paßt.

Als traditionelle Beilage zum Spargel gilt in Südbaden die Kratzete, das sind noch in der Pfanne zerrissene, *zerkratzte* dünne (!) Pfannekuchen. Gute Kratzete ist zartgelb bis rösch gebräunt, luftig wie Seidenpapier. Leider wird der Gast auch in der Spargelheimat mitunter mit dem Klumpenrisiko konfrontiert. Dicke, in der Friteuse mit Fett imprägnierte Bollen sind keine Kratzete, sondern eine Provokation.

Bio-Weingut und Spargelanbau Klaus Vorgrimmler, 79112 Freiburg-Munzingen, St. Erentrudisstraße 63, Tel. 07664-2489; www.vorgrimmler.de.

Biospargel vom Tuniberg gibt es u.a. auch vom Aussiedlerhof Willy Frey, 79761 Freiburg-Tiengen, Am Rüstlinberg 5, Tel. 07664-2223, Abzw. von der Landstraße 187, Fr-Opfingen / FR-Tiengen beschildert. Selbstbedienungs-Verkaufsstand beim Hof. Oder auch bei: Bernd Kiechle, 79227 Freiburg-Mengen, Schäferstr. 1, Tel. 07664-5339.

Traditionslokal mit historischer Stube – Tanne, Opfingen

TANNE – FR-Opfingen. Das Traditionshaus in der Ortsmitte zehrt bis heute von seinem Namen als Wallfahrtsort zur Spargelzeit. Die alte Gaststube mit ihrer dunklen Patina erscheint wie ein museales Relikt, die Karte bietet eine konservative Küche. Zur Saison Spargel in allen Varianten. Die Klassiker klingen bürgerlich bis retro wie damals: Rinderleber mit Brägele, Hähnchenbrust an Rosmarinjus, Rumpsteak mit Kräuterbutter, Lammrücken provençale, gebratener Lachs an Dillsauce mit hausgemachten Nudeln. Auf der Weinkarte eine Auswahl regionaler Erzeuger. Aufmerksamer Service, stimmungsvoller Innenhof, Saal, historische, aber recht dunkle Gaststube.

Tanne, 79112 FR-Opfingen, Altgasse 2, Tel. 07664-1810, mittags und abends, RT: Mo und Di, zehn Gästezimmer, ♣ gepflegte Terrasse im Innenhof, www.tanne-opfingen.de, Preise: mittel.

BLUME – FR-Opfingen. „Regionale Küche mit Pfiff – ohne Päckle & Pulver," verspricht die Blume ihren Gästen. Das mag stimmen, wobei der Pfiff der Blume für mich mehr in ihrer Funktion als Treffpunkt liegt. Kulinarische Finesse sollte man anderswo suchen. Die Blume steht in Opfingen an der großen

Betagte Fassade, frisches Betriebssystem – Blume, Opfingen

Kreuzung, dort, wo der alte Ortskern Richtung freiburger Vorstadt weist und so ist hier kein reinrassiges Dorfgasthaus, auch kein urbaner Treff, sondern ein unkompliziert geführtes Mehrzweckgasthaus. Erfüllt werden Ansprüche vom Abo-Essen unter der Woche über's Feierabendbier bis zur Familienfeier; wenn unerwartet ein Pulk Radler hereinbricht, wird der auch noch satt gekocht.

An lauen Sommerabenden wird der Biergarten im Innenhof und die rauchertolerante Cocktailbar im Gewölbekeller zum Ziel suburbaner Abendschwärmer. Mini-Cabrios kreisen, Abendschwärmer nehmen Maß und Ziel, zu Essen gibt es natürlich auch. Klassisch wie Rinderleber und gekochtes Rindfleisch, zeitgenössisch wie Grünkernküchle und Graupenpfanne, von vielem auch kleine Portionen als „Probierle", von manchem auch Kombis als „Flotter Dreier". Zur Saison kommt der Bio-Spargel vom familieneigenen Hof.

Die Preise sind so volksnah wie die unbekümmerte Systematik beim Service und auf den Tellern. Die Blume ist somit alles, aber kein dogmatisches Institut. Wenn an einem lauen

Spätsommer zum Anbeissen – Weinbergpfirsiche

Sommerabend Volksgemurmel und Biergartenstimmung zur tuniberger Strömung verschmelzen, geht es ohnehin weniger um Feinkost, als um eine Lebensweise.

Blume, Unterdorf 2, 79112 Freiburg-Opfingen. Tel. 07664-6123889, Mo bis Fr 11.30 bis 14 Uhr und ab 17 Uhr, Samstag & Feiertage 11.30 bis 23 Uhr, Sonntag 10 bis 22 Uhr; Tel. 07664-1510, Cocktailbar, ♣ großer und beliebter Innenhof-Biergarten, Gästezimmer. Preise: günstig-mittel.

Staatl. Lehr- und Versuchsgarten für Obstbau bei Opfingen: Auf knapp fünf Hektar wird hier ein überaus vielfältiges Sortenspektrum auf seine Anbaueignung unter den hiesigen klimatischen Bedingungen getestet. Zum Programm gehören auch Unterlagenversuche für Steinobst, neue Anbausysteme und neue Sorten. Derzeit sind 16 Obstarten mit über 450 Sorten im Versuchsanbau (darunter allein 123 Apfel- und 35 Birnensorten), das geerntete Obst wird zwischen Mai und März vor Ort verkauft. Nicht nur für Erwerbsanbauer, auch für Garten- und Obstfreunde fast eine Pflichtstation. Die Anlage liegt zwischen Opfingen und Merdingen bei Wippertskirch, Anfahrt über das Griestal (beschildert). Weitere Info zu Sorten, Schnittkursen, Projekten, Aufgaben und Anfahrt: www.versuchsgarten-opfingen.de; Öffnungszeiten des Obstverkaufs: Mo und Mi 13 - 16 Uhr, Fr 10 - 13 Uhr.

Warum Champagner, wenn der Winzersekt so nah

Weingut und Strauße Gretzmeier – Merdingen. „Wir können alles, außer zuschauen," könnte ein Motto des Hauses sein. Wo also anfangen bei Heinrich und Elvira Gretzmeier? Beim Weingut, das die beiden 1986 gründeten, mit viel Willen und wenig Geld, bei den Jahrgangsbränden, die der Gärtnermeister der Fachrichtung Obstbau brennt. Bei der Straußenwirtschaft, welche Elvira Gretzmeier neben der Arbeit im Weingut auf Touren hält. Soll man mit dem frischen, leichten Elbling anfangen, den Gretzmeier seit 2010 ausbaut oder vielleicht beim Sohn des Hauses, der nun ebenfalls in den Betrieb eingestiegen ist. Die Geschichte der Gretzmeiers ist die Geschichte vom Machen. Als Obstbauer und Ökologe hat Gretzmeier ein Gespür für Nischen; entdeckt er eine Sorte denkt er an das mögliche Produkt und wenn am Ende Gretzmeier draufsteht, war es gut getan.

Eine Straußenwirtschaft so aufzuziehen, daß weniger faßweintrinkende Billigheimer einkehren als Weinfreunde, die auch mal Rotwein-Spätlese bestellen, ist ebenso bemerkenswert wie die Direktvermarktung von mehr als dreiviertel der

Weinbau, Obstbau, Kundenaufbau – Heinrich Gretzmeier

Produktion. Zu den Einzelstücken im Hause zählt der dünne Flammkuchen, der auch mal mit einer Flasche hauseigenem Sekt begleitet werden könnte. Ansonsten animiert eben ein Brett mit Hobelkäse zur spontanen Rotweinprobe, der hausgemachte Kartoffelsalat und das Bauernbrot passen ohnehin zu allem. Der dicht bepackte Vesperteller mit der robusten Dreifaltigkeit von Wurstsalat, Brägele und Bibiliskäs dürfte dagegen eher für unterzuckerte Langstrecken-Radler in Frage kommen.

Alle Rotweine werden hier nach der Burgundermethode auf der Maische vergoren, bei vielen arbeitet Gretzmeier deutlich schmeckbar mit langer Reifezeit im Holzfaß (neu und alt). Bei den Weißen gibt es zum einen frische, fruchtbetonte Weitertrinkweine, etwa einen Auxerrois-Kabinett (sowie als Spezialität besagten Elbling), aber auch richtig schwere Jungs aus der Burgunderfamilie, Chardonnays und Gewürztraminer, die erst nach Jahren in den Verkauf kommen und eine entsprechende reife Aromatik zeigen. Auch Gretzmeiers Sekt (nach traditioneller Methode ausgebaut) bleibt sehr lange auf

Einer geht noch – Elvira Gretzmeier mit Trüffelflammkuchen

der Hefe. Die hauseigenen Jahrgangsbrände aus vier Hektar ökologischem Obstanbau, darunter manche alte Sorte (Zibarten, wilde Mirabellen) und Rarität (Speierling, Elsbeere) wären ein Thema für sich, ebenso wie der hauseigene Gin, mit dem das Sortiment jüngst trendgerecht erweitert wurde.

Quintessenz: wenn es mehr Gretzmeiers gäbe, bräuchte es weniger Subventionsverteiler, Stillegungsprämien und Ausgleichsfonds. Macher, die so geschickt wie die Gretzmeiers am Markt unterwegs sind, produzieren auch Mut. Je weiter die Entmündigung voranschreitet, um so wichtiger werden Inseln der Tat. Hier wäre eine.

Ökologisches Weingut und Straußenwirtschaft Gretzmeier. 79292 Merdingen, Wolfshöhle 3, Tel. 07668-94230. www.gretzmeier.de; Weingut von Mo bis Fr von 8 bis 20 Uhr, Sa bis 16 Uhr.

Straußenwirtschaft: offen ca. vier Wochen ab Ende März, sowie von Mitte August bis Ende Oktober, ♣ Veranda zum Hof. Geöffnet Mo bis Fr ab 17 Uhr, Sonn- und Feiertag ab 16 Uhr, RT: Sa.

Spitze am Tuniberg – Karola und Clemens Lang, Munzingen

WEINGUT CLEMENS LANG – Freiburg-Munzingen. Schön, wenn ein Weingut nicht mit seinem Netzwerk beeindruckt, sondern mit seinem Werk. Hier wäre ein initiativer Familienbetrieb mit gut sieben Hektar Reben, überwiegend in der Einzellage Munzinger Kapellenberg. Langs Weine werden nicht gemacht und nicht laut besungen, sondern im Weinberg aufmerksam begleitet, selektiv per Hand gelesen, im Keller schonend ausgebaut und sodann ohne Marketing-Gehampel an treue Stammkunden verkauft. Eine eindeutige Haltung, die für entsprechende Ergebnisse sorgt. Für mich zählt das Weingut Lang seit Jahren zu den Spitzenerzeugern am Tuniberg – weil hier nicht jeder zeitgeistigen Weintorheit hinterher gewinzert wird, sondern weil eine klare Gesinnung zu gutem Wein wird.

Angeboten werden seit der Gründung des Weingutes im Jahr 1985 ausschließlich im klassischen Sinne trockene, also durchgegorene und ungesüßte Weine aus Einzellagen am Tuniberg. Umweltschonende Bewirtschaftung der Reben, ausschließlich Handlese, oft in mehreren Durchgängen, scho-

Spätburgunder stellt Ansprüche – Clemens Lang am Kapellenberg

nender, möglichst reduktiver Ausbau der Weißweine, Verzicht auf zeitgeistige Moden, führen zu sauberen Weinen, die einen natürlichen, sortentypischen Charakter zeigen. Wozu gerade bei den Weißweinen auch eine bemerkenswert elegante Frucht und straffe Säurestruktur zählt.

Breites, fair gepreistes Angebot der lokalen Sorten von der Literflasche Müller bis zum Prädikatswein. Die animierend frischen und sortentypischen Weißweine werden im Edelstahl ausgebaut, prinzipiell nicht angereichert (!) und nicht entsäuert. So wirken auch die stoffigen Weiß- und Grauburgunder nicht plump, sondern animierend. Dazu kommt ein weites Spektrum an Spätburgunder Rotweinen aus klassischer Maischegärung, gereift im großen Holzfaß oder auch im Barrique, je nach Qualitätsstufe. In der Summe ein Ausnahmebetrieb, der nicht trommelt, sondern seine Weine für sich sprechen läßt – Jahrgang für Jahrgang.

Weingut Clemens Lang, 79112 FR-Munzingen, Reinachstr. 19, Tel. 07664-5863, www.weingutlang.de. Im Sortiment auch eigener Sekt und Brände. Beim Weingut ist eine großzügige, freundlich eingerichtete Ferienwohnung zu mieten.

Niemand
zu Hause
alle in
den
Reben

Kaiserstühler Artenreichtum von A bis Z

Erste Maiglöckchen und Königschaffhauser Frühkirschen wurden einst in Eil-Güterwagen bis nach Berlin expediert. Die Weine vom „Ihringer Winkler“ galten schon im 19. Jh. als „Erstes Gewächs“ und bis heute gilt: kein Kaiserstuhlbuch ohne Würdigung von Burgunderglut und Kirschblüte. Seit dem Aufkommen grüner Perspektiven gelten auch Faltenwespe, Samaragdeidechse und Bienenfresser als bedeutende Kaiserstuhlbewohner.

Aber die Arten kommen und gehen. In jüngster Zeit haben sich an den Ortsrändern Lidl- und Kik-Filialen angesiedelt, auch die Kleinfamilienbiotope haben zugenommen – vorne raus der Carport, hinten das Trampolin.

Selten leben traditionsnahe Landwirte und Vorortnomaden so dicht beieinander. Mitunter läßt sich in einem einzigen Dorf die Spannweite neudeutschen Freizeitverhaltens beobachten und von der Sky-Fußball-Kneipe zur Oberbergener Gourmetlegende *Schwarzer Adler* ist es auch nicht weit. Mitunter steht dort eine polierte Limousine neben einem faltigen Unimog.

Soll heißen: es gibt am Kaiserstuhl sehr spezielle Arten. Es lohnt, hinzuschauen. Nicht nur auf naturkundlichen Themenpfaden, sondern auch im Leben.

Landluft macht frei – und arm

Armut

„Wer heute über den Vogelsang herüberkommt, ist betroffen von dem trostlosen Bild des Verfalls, das der Weiler Vogtsburg bildet. Einige Häuser sind baufällig und unbewohnt. Auch die Kirche macht den Eindruck des baulichen Verfalles."

Die Schilderung des Freiburger Geographen FRIEDRICH METZ stammt aus der Vorkriegszeit des letzten Jahrhunderts. Der innere Kaiserstuhl war aber noch bis weit ins 20. Jahrhundert das Armenhaus im Breisgau. Zwergbauerntum auf zerstükkeltem Gelände, die Mehrzahl der Landwirte bewirtschaftete zwei Hektar und weniger, verteilt auf -zig Flächen. Die Realteilung im Erbfall führte zu einer grotesken Bodenzersplitterung: so gab es in Ihringen vor der Flurbereinigung 12.000 Einzelgrundstücke, Jechtingen zählte auf einer Gemarkung von 670 Hektar 6515 Felder und Rebstücke, viele mit 10 ar und weniger. Von den 99 Landwirten in Leiselheim hatten 63 weniger als zwei Hektar; die Zahlen für andere Gemeinden waren ähnlich. Spätfrost, Trockenperioden, Hagel. Landwirtschaft war früher ein Extremsport, leider nicht ganz freiwillig.

Übervölkertes Armenhaus: Was uns heute als gesegnete Landschaft erscheint, war über Jahrhunderte eine überbe-

Zurück vom Feld – Weinbau bei Ihringen, um 1933

völkerte Region. Die chronische Not entlud sich in diversen Auswanderungswellen, etwa zur Mitte des 19. Jahrhunderts, als mehrere hundert Kaiserstühler nach Venezuela übersiedelten. Selbst nach dem 2. Weltkrieg, als die Randgemeinden schon bescheidene Entwicklung zeigten, blieb der schwerer zugängliche innere Kaiserstuhl ein Problemgebiet. „Wir finden im Kaiserstuhl vielfach das gemischte Gespann mit Pferd und Kuh", heißt es in einem heimatkundlichen Aufsatz aus der Zeit. „Da zwei Pferde zu halten für die meisten Betriebe unwirtschaftlich wäre, ist für den schweren Zug die Mitanspannung einer Kuh notwendig."

Erst die Etablierung des Qualitätsweinbaus, an dem auch die Winzergenossenschaften Anteil hatten, sorgte für den Aufschwung. Flaschenabfüllung und sortenreiner Ausbau brachte höhere Erlöse, Pflanzenschutz steigerte die Ertragssicherheit. Wohlstand im heutigen Sinn war für die meisten Winzer dennoch fern. „Die Bauern gingen zu Fuß mit der Hacke aufs Feld, wer einen Ochsenkarren hatte, galt was. Ein Pferd war Luxus." Das sagt mir ein alter Winzer über die 50er

Neu auf dem Feld – Gewerbegebiet bei Endingen, 2014

und 60er Jahre. So manche Erzählung von einst, mancher Charakterzug würde auch zu einem kargen Bergtal passen.

Einen enormen Schub brachten die letzten 40 Jahre, die zu hohen Erntemengen bei gleichzeitiger Reduktion des Arbeitsaufwandes führten. Die Mechanisierung und ertragsstarke Klone ließen die Sonderkultur Weinbau zu einem der Gewinner im Landbau werden. Die Jahresarbeitszeit je Hektar reduzierte sich in flurbereinigten Lagen um bis zu 80 %. Immer öfter wird das Erntepotential über mehrere Jahre zu fast 100 % erreicht. Noch vor 50 Jahren war eine Ertragskonstanz auf so hohem Niveau völlig undenkbar.

Lange Jahre bewirtschafteten die Winzergenossenschaften das größte Gebäude im Ort, aber auch diese Phase scheint zu Ende. Heute sind es immer öfter die Mittelständler am Ortsrand, die für Beschäftigung sorgen. Damit haben sich auch Arbeitszeit und soziale Taktung im Kaiserstuhl grundlegend geändert. Weinkultur und Jahreszeit prägen zwar noch das Landschaftsbild im Kaiserstuhl, immer öfter entscheiden aber Schichtzeiten und Investitionen die Lebensrealität.

Markante Front – Bahnhof Oberrotweil

Das Sichtziegelmauerwerk der Dorf-Bahnhöfe ist noch erhalten, die Gebäude sind aber längst an Privateigentümer verkauft.

Bahnlinie

Die Kaiserstühler Regionalbahn (heute *Breisgau-S-Bahn*) wurde Ende des 19. Jahrhunderts als sogenannte „Gürtelbahn“ angelegt. Die Linie verbindet praktisch alle Randgemeinden des Kaiserstuhls, von Gottenheim am Tuniberg führt die Linie dann durch die Dreisamniederung direkt zum Freiburger Hauptbahnhof. Das Projekt wurde 1890 beschlossen, die Bauzeit dauerte fünf Jahre. In der Folge zeigten die angeschlossenen Randgemeinden ein deutlich höheres Bevölkerungswachstum als die Dörfer im inneren Kaiserstuhl. Bescheidene Anfänge von Gewerbe und Industrie gab es vor allem am östlichen Kaiserstuhl, an der dem Elsaß abgewandten Seite des Kaiserstuhl. Man traute dem Frieden nach Westen nicht so recht. Zu recht, wie sich noch mehrmals zeigen sollte.

Der junge badische Staat überließ den Bau der vollspurigen Kleinbahn dem Privatkapital. Das auffallende Sichtziegelmauerwerk der Dorf-Bahnhöfe ist bis heute erhalten, die Gebäude sind aber längst an Privateigentümer verkauft. Die verspielt-dekorative Architektur erfreute in der Gründerzeit der Bahn nicht jeden, noch in den 50er Jahren wurden die Ka-

Bald unter Strom – Kaiserstuhlbahn bei Oberrotweil

pitalgeber kritisiert, weil sie sich in „billigen und geschmacklosen Bahnhöfen“ ein Denkmal gesetzt hätten.

Die letzte fahrplanmäßig verkehrende Dampflok (1927 bei Henschel und Sohn in Kassel gebaut) war 1969 im Einsatz. Seit 1971 gehört die Lokalbahn mit 40 km Strecke zur SWEG (Südwestdeutsche Verkehrs-Aktiengesellschaft). Ursprünglich diente die Bahn auch dem schnellen Transport der lokalen Agrarerzeugnisse. So wurden eigens Kirschen-Sammelstellen längs der Kaiserstuhlbahn eingerichtet, um die Ernte schnell in die größeren Städte zu bringen. Heute verbindet die Linie die äußeren Kaiserstuhlrandgemeinden in kurzen Taktzeiten mit Freiburg und Breisach. Nicht nur für Berufspendler, auch für Kaiserstuhlbesucher, Wanderer und Radfahrer eine attraktive Nahverkehrsalternative.

Derzeit verkehren noch Dieseltriebwagen auf der gesamten Strecke. Von 2017 an soll die Linie in drei Bauabschnitten vollständig elektrifiziert werden, das Ende der Baumaßnahmen

Naturnahe Gleisführung – Kaiserstuhlbahn bei Burkheim

ist für 2018 geplant. Durch eine Zugteilung in Gottenheim würde dann auch das Umsteigen der Fahrgäste in Richtung Riegel und Sasbach entfallen.

Schon heute sind die Randgemeinden des Kaiserstuhls mit der S-Bahn, auch mit der neuen B 31 West, dicht an Freiburg herangerückt. Für die ersten Kirschen braucht es heute keine Eilwaggons mehr, für Berufs- und Freizeitpendler ist der Kaiserstuhl aber längst zur gut erreichbaren freiburger Vorstadt geworden.

Fahrplan Breisgauer S-Bahn: www.rvf.de, Umsteigepunkt Gottenheim, bzw. Breisach, übliche Taktzeit auf der Strecke Freiburg-Breisach: ½ Stunde, auf dem Nordwestabschnitt Riegel-Breisach: 1 Stunde.

Durch Privatinitiative konnte eine der alten Dampfloks mit Originalwaggons der ehemaligen 3. Klasse erhalten werden. Seit 1978 gibt es Museumsfahrten, heute organisiert ein Verein (Eisenbahnfreunde Breisgau e.V.) Nostalgiefahrten mit dem **Rebenbummler** (www.rebenbummler.de). Der Zug verkehrt auf dem landschaftlich schönsten Abschnitt der Strecke um den nordöstlichen Kaiserstuhl zwischen Riegel und Breisach.

Heißes Pflaster – Optunie im Weinberg bei Ihringen

Bodentemperatur, Sonne, Klima

Zum kaiserstühler Klima weiß jeder eine Geschichte. Ihringen am wärmsten, Mandel- und Pfirsichblüte am frühesten, erste Endinger Kirschen Mitte Mai, der Winklerberg mit mediterranen Bodentemperaturen und Kakteennestern. Die viel zitierten Optunien am Winklerberg-Felspfad sind zwar ein besonders symbolträchtiges Beispiel für die Klimainsel Kaiserstuhl, aber eben nur eines unter vielen. Mit der Hirse (Bild S. 253) wird nun eine weitere wärmeliebende Pflanze im Oberrheingraben angebaut. Der Winzer und Obstbaumeister Heinrich Gretzmeier aus Merdingen am Tuniberg meinte dazu: „Wenn mir jemand vor zwanzig Jahren erzählt hätte, daß in Oberrimsingen Hirse auf dem freien Feld steht, hätte ich ihn für verrückt erklärt."

Es gibt mittlerweile sogar eine kleine Olivenplantage auf dem freien Acker am Tuniberg. Eine weitere markante Veränderung im Klimagang der letzten Jahrzehnte hat auch touristische Bedeutung: die winterliche Benachteiligung (der gesamten Oberrheinebene) ist nicht mehr so ausgeprägt wie vor dreißig Jahren. Anhaltende Nebellagen und Inversionswetter

Vor zwanzig Jahren undenkbar – Hirse bei Oberrimsingen

mit Temperaturumkehr und Sonne nur in Höhenlagen sind auch am Kaiserstuhl seltener geworden. Noch vor 50 Jahren hatte der Feldberg im Winter doppelt soviel Sonnenstunden vorzuweisen wie der Kaiserstuhl, heute sind die Unterschiede – zumindest im Hochwinter – weniger ausgeprägt. So wird der Kaiserstuhl auch zur interessanten Spätherbst- und Winterwanderregion. Wundervoll ist es, an einem föhnigen Novembertag bei 20 Grad im kurzen Hemd von der Mondhalde über die Schelinger Viehweide zum Vogelsangpaß zu ziehen und ein letztes mal das Vollbild des Herbstes zu erleben (vgl. dazu auch den Streifzug Nr. 6). Animierend ist es, nach einer längeren Winterphase zur frühen Blüte der Mandel- und Pfirsichbäume an die Südwestkante von Tuniberg oder Kaiserstuhl zu kommen – die Böschung an der Landstraße von Ihringen nach Breisach wird dann zur Sonnenallee. Oft schon Ende Februar.

Die Bodentemperatur (gemessen in 60 cm Tiefe) ist ein Indikator für die klimatische Qualität einer Weinberglage. Bodentemperaturen eignen sich auch gut zum Vergleich

Jetzt geht's los – Frühlingstour am Fohrenberg bei Ihringen

unterschiedlicher Anbaugebiete; weil die Temperatur in der Tiefe weniger schwankt, sind Verfälschungen geringer als bei Oberflächenmessungen. Für die fünf Sommermonate Mai bis September wurden in 60 cm Tiefe folgende Bodendurchschnittstemperaturen ermittelt:

Vulkanböden *Winklerberg Südlage* (Ihringen)	18,0 °C
Weinberglage am *Freiburger Schloßberg*	17,4 °C
Weinberglage am *Freiburg Jesuitenschloß*	16,2 °C

Durchschnitt der Sonnenstunden im Jahr

Kaiserstuhl: 1.800
Feldberg: 1.600
Düsseldorf. 1.300
Locarno: 2.300
Südspanien: 3.000

Verkauf winterharter Kakteen, Yuccas und Agaven, exotischer Fruchtgehölze und wärmeliebender Raritäten im **Kaiserstuhl Exoten Garten** von Detlev Hellinger, Falkenweg 1 (im Gewerbegebiet), 79235 Vogtsburg-Achkarren. Tel. 07662-935781, saisonale Öffnungszeiten, Details: www.kaiserstuhl-exotengarten.de.

Frühes Genossenschaftswesen – Traubenanlieferung in Ihringen

Rückblickend darf man festhalten, daß in Breisach die Veranstaltungsform „Weinprobe mit korrespondierendem Rausschmiß“ erfunden wurde.

Breisacher Fenstersturz

Es begab sich im Jahre 1971, zu einer Zeit, als die Winzergenossenschaften noch das Sagen hatten und dank Marktmacht verfügten, wie der Badische Wein zu schmecken hat – vor allem lieblich und rundlich. Eine kleine Gruppe Andersgläubiger, Die Weingrünen genannt, begehrte damals gegen das Tun der Genossenschaften auf. Die Weingrünen forderten, der badische Wein solle wieder ungeschönt und ungesüßt bereitet werden, ganz so, wie der Herr die Trauben wachsen läßt.

Der 2007 verstorbene *Franz Keller* sen. hatte schon seit 1961 mit solchen Ketzerweinen wider die süße Praxis der Genossenschaften gezündelt. Zunächst mit 11.000 Litern, die im eigenen Gewölbe naturrein ausgebaut wurden, zwei Jahre später waren es dann schon 80.000 Liter abweichenden Weines, die in den Handel gebracht wurden.

Nicht der nachträglich zugesetzte, unvergorene, also noch süße Traubensaft müsse den Charakter des Weines bestimmen, sondern die Qualität der Traube, so Franz Kellers damals unerhörte Position. Zu all dem wurden Gäste in seinem Gasthaus „Schwarzer Adler“ beim Konsum von durchgegorenem,

Da geht was rein – Weinlager der Genossenschaft in Oberbergen

ungesüßtem Wein beobachtet. Erschwerend kam hinzu, daß Keller sich anschickte, mit solchen Weinen Handel zu treiben. Ganz unverdeckt und offensiv für seine Position streitend, wie es seine Art war. Worauf der Druck der Genossenschaften immer direkter wurde. Spediteure, die Kellers Trauben beförderten, wurden von Weinfunktionären ins Gebet genommen. Worauf sich um Keller eine trink- und charakterfeste Koalition bildete. Eine unbeugsame Gruppe von akademisch verbildeten Weinzähnen machte fortan in Wort und Trunk Front gegen den süßen Einheitswein: Aufwieglerische Leserbriefe wurden verfaßt, die Causa nahm Fahrt auf. Der Konsument ahnte, daß es in Baden nicht nur den einen, den süßlichen Wein gibt.

Eines Tages entschloß sich die Zentralgenossenschaft in Breisach, die staubtrockenen Brüder zu einer „Aufklärungs-Weinprobe“ vorzuladen. Selbst durch die so gefällige wie verräterische Wortschöpfungen „dienende Restsüße“ ließen sich die Weingrünen nicht umstimmen. Die Spannung zwischen dienender Süße und trockenem Weingeschmack erreichte

Monumentaler Anspruch – Genossenschaftsarchitektur in Breisach

im kurzen Verlauf des Abends vielmehr neue Höchstwerte. Einzelne Teilnehmer sprachen hinterher von der Gefahr eines „Breisacher Fenstersturzes".

Rückblickend darf man festhalten, daß in Breisach die Veranstaltungsform „Weinprobe mit korrespondierendem Rausschmiß" erfunden wurde. Überlebende des Meetings erinnern sich noch heute, daß die Weingrünen anno 1971 unter Absingen schmutziger Lieder die Hallen der Breisacher Weinbarone verließen.

Gut 40 Jahre später macht und trinkt jeder den Wein so, wie es ihm gefällt und es ist gut so. Die Spediteure von trockenem Wein werden nicht mehr gemobbt. Sehr vereinzelt werden Restzuckerwerte unter 5 Gramm je Liter Wein sogar in genossenschaftlichen Kellern toleriert. Wer in Genossenschaften nach einem naturreinen, durchgegorenen und ungesüßten Wein fragt, wird ihn zwar schwerlich bekommen, aber zumindest nicht mehr diszipliniert. Immerhin.

Trügerische Idylle – Riegel um 1850

Dreißig Jahre Krieg, hundert Jahre Armut

Christoffel von Grimmelshausen schreibt im »Simplizissimus«, daß man während der Belagerung Breisachs im Jahr 1638 „bis an die Kinzig weder Hund noch Katz, viel weniger noch einen Menschen antreffen konnte."

Schlimmer als anderswo im Südwesten wütete der Dreißigjährige Krieg im Kaiserstuhl. Während es anfangs ruhig blieb im Breisgau, geriet die Festung Breisach wegen ihrer strategischen Lage wieder und wieder zwischen die Fronten. Aber nicht nur Breisach, die gesamte Region am Kaiserstuhl hat in den Kriegsjahren furchtbar gelitten. Ein Kommissionsbericht der Kaiserlichen an die österreichische Herrschaft aus dem Jahr 1635 dokumentiert dies: „Die ansehnlichen Flecken und Ortschaften sind allerorts verbrannt und in den Dörfern findet man fast keinen Bewohner. Das Schlimmste ist der Umstand, daß nicht gesät und auch die Äcker nicht in Sicherheit bebaut werden können, weil die Soldaten täglich Streifen unternehmen und auf der Straße plündern."

Die unbefestigten Dörfer waren den Truppen schutzlos ausgeliefert, Bauern galten als Freiwild, „Schnapphähne" war eine geläufige Bezeichnung für die leichte Beute. Aber auch in

Befestigt, ausgehungert, eingenommen – Breisach am Rhein

der Stadt Breisach ging es nicht besser. Schon vor der großen Belagerung 1638 heißt es: „Die Stadt ist vielfach zerstört und gleicht wegen ihrer Unsauberkeit mehr einem Dorf als einer Stadt." Weil die Festung von den Schweden nicht einzunehmen war, wurde Breisach ausgehungert. Etwa 2000 Verteidiger verhungerten. Am Ende des Krieges dürfte die Kaiserstühler Bevölkerung auf weniger als ein Viertel zurückgegangenen sein, die Zahlen in den Kirchenbüchern sprechen für sich:

– Nach *Burkheim,* 1633 zerstört, kehren nur 9 % der Bevölkerung zurück.

– Nach *Bischoffingen,* das vor dem Krieg 400 Einwohner hatte, kehrten 20 bis 30 Personen zurück.

– Der Pfarrer von *Tiengen* fand nach seiner Rückkehr 1646 traumatisierte „Leutlein, die den erlittenen Jammer nicht aussprechen können."

Soldaten und Schnapphähne: Der Kaiserstuhl war lange Zeit ein Exempel, wenn es um ländliche Lebensweise und Armut ging, so schreibt Herrmann Busse: *„Nirgendwo in unserem Raum treffen wir wohl so häufig auf ganz einfache, ja primitive Verhältnisse in der Lebensführung, im Aussehen der*

Stube und des Stalles wie am Kaiserstuhl. Auch hier haben die bewegten Schicksalsläufe, vor allem der Dreißigjährige Krieg, allzu üppige Gebärden erstickt."

Die Rolle des Spekulanten wurde seinerzeit übrigens von Institutionen wahrgenommen, die sich heute gerne in einem anderen Licht darstellen. JOSEF REST, einst Direktor der Unibibliothek Freiburg, schreibt zur Kreditpolitik im ausgehenden Mittelalter: *„Die Geldgeber aber saßen in den Städten, oder es waren die vielen, meist wohlhabenden Klöster. Eine ganz besondere Rolle spielte hier auch das Freiburger Heiliggeistspital, welches jahrhundertelang wohl die größte Hypothekenbank unserer Gegend gewesen ist.* Das Heiliggeistspital (heute: Stiftungsverwaltung Freiburg) gehört heute zu den größten Immobilienbesitzern der Stadt Freiburg.

Zuzug und Abwanderung: Die Wiederbevölkerung der verwüsteten Dörfer am Kaiserstuhl lief im Wesentlichen über Zuzug aus der Schweiz – ähnlich wie im Elsaß und im Markgräflerland. Ausgesandte „Herolde" und „Trompeter" warben nach den Kriegsjahren unter der ebenfalls verarmten Bevölkerung der Schweizer Landkantone. Die Bauern und das Kleingewerbe litten dort besonders unter der restriktiven Zunftpolitik der Schweizer Städte, die den Handel mit den Landkantonen erschwerte. Den Umsiedlungswilligen wurde Steuerfreiheit, Bauholz und Ackerland versprochen, und sie kamen, im Glauben auf Freiheit und Aufstieg.

Zu Beginn des 19. Jahrhunderts war die alte Bevölkerungszahl wieder erreicht, der mit jedem Erbfall weiter zersplitterte Kleinbesitz nährte die anwachsende Bevölkerung jedoch immer weniger. So wird das 19. Jahrhundert eine Zeit der Abwanderung in die Städte und der Auswanderung nach Amerika. Wer bleibt, hat eine Vielzahl von Kleinstflächen zu bewirtschaften; was trotz guter Böden und ortsnaher Lage ein Manko war, das bis weit ins 20. Jahrhundert anhielt.

In Burkheim waren 40 % aller Zugezogenen Schweizer, für Eichstetten sind für die Zeit nach dem 30-jährigen Krieg 151

Nicht nur zum Vergnügen – offen fahren im letzten Jahrhundert

Schweizer Einwanderer belegt. „Manche Kaiserstühler Dörfer können geradezu als Schweizerdörfer bezeichnet werden", bemerkt der Freiburger Geograph Friedrich Metz. Wobei der Zuzugsort von der Konfession bestimmt wurde. In die vormals zur Herrschaft Vorderösterreichs gehörenden, also mehrheitlich katholischen Dörfer, wanderten vorwiegend Schweizer aus den Urkantonen ein (Solothurn, Basel-Land, Fricktal), dazu aber auch Tiroler und Vorarlberger. In die evangelischen, markgräflichen Dörfer zogen dagegen viele Schweizer aus der Umgebung von Bern, Zürich und Schaffhausen, dazu einige Württemberger.

Junggesellensteuer für Keusche

Kriege und wechselnde Grenzen führten in Breisach zu einem besonders reichen Migrationshintergrund. Noch in den 50er Jahren kommentierte Friedrich Metz die sicher nicht immer freiwillige Multikulturalität in mancher Familie mit einer gewundenen Erklärung: „Man soll aber auch nicht von Schuld sprechen, wo es sich um ein unentrinnbares Schicksal handelt." Ein Witz dazu, der bis heute erzählt wird, geht so: Die Krankenschwester erklärt dem stolzen Ihringer Vater auf der Entbindungsstation: das Neugeborene sei wohl geraten und bei bester Gesundheit, nur seine Hautfarbe sei halt doch etwas dunkel. Darauf der Vater: „Macht nichts. Hauptsache es war kein Merdinger."

Bevölkerungspolitik durch staatliche Intervention stand im übrigen schon nach dem Dreißigjährigen Krieg hoch im Kurs: 1678 wurde jungen Paaren für zwei Jahre Steuern und Frondienste erlassen. Wenig später wurden auch ledige Jungmänner steuerbefreit, „um ihnen den Entschluß, Witwen zu heiraten, leichter zu machen". Wer den Wink der Obrigkeit nicht verstand und mit dreißig noch Junggeselle war, wurde dann aber mit einer „Junggesellensteuer" belegt.

Von Wyhl in die Welt

Zur Bevölkerungsdynamik gehören auch zyklische Abwanderungswellen in den Notzeiten des 18. und 19. Jahrhunderts. Kaiserstühler Auswandererzüge gingen im 18. Jahrhundert in das Banat und nach Siebenbürgen. Im frühen 19. Jahrhundert und um die Revolutionsjahre 1848 zogen viele Kaiserstühler nach Algerien, Venezuela und Nordamerika. Der Kaiserstuhl dieser Jahre erinnert nicht an unbeschwerte Weinseligkeit, sondern an eine ausgezehrte Bergregion der Alpen.

Während die Abwanderung nach Algerien weitgehend scheiterte, gehört die Gründung der *Colonia Tovàr* im Regenwald Venezuelas zu den geglückten Aktionen global orientierter Kaiserstühler. 1842 sammelten sich knapp 400 Auswanderungswillige, darunter viele Endinger, auf dem Marktplatz. Die Gruppe wurde am 18. Dezember in Wyhl eingeschifft und erreichte vier Monate später ihre neue Heimat in Venezuela. Ein Gedenkstein am Naturlehrpfad im Wyhler-Rheinauewald erinnert an die Ablegestelle der Auswanderer. Der Platz liegt heute an einem Altwasserarm (dem „Mollikopf"), der vor Tullas Rheinkorrektur noch schiffbar war.

Kaiserstühler Eigensinn: Weinküfer vor deutscher Eiche (um 1933)

Eigensinn und Religion

Der Kaiserstühler Eigensinn ist sprichwörtlich, *Ihringer Esel* und *Jechtinger Querkopf* ist Prädikat und Lästerei in einem. Eigensinn als Grundhaltung wird nicht einmal von Eingeborenen bestritten. Jedenfalls ist es im Kaiserstuhl bis heute so ähnlich wie im afrikanischen Busch: Die schlimmsten Neger sitzen immer im nächsten Dorf, wahlweise wächst der mindere Silvaner nebenan, wo auch die Andersgläubigen herkommen:

„Schaffhauser Mohre hän Gott verlore,
Hen Gott vergesse
Un sin im Deifel uf d'Hütte g'sesse."

Der Fluch gilt aber nur, solange keiner von draußen kommt. Bei Belagerung bilden alle zusammen eine Wagenburg. Mal darf man gesunden Lokalpatriotismus unterstellen, mal einfach nur kleines Karo oder die übliche Mißgunst. Manche sehen in der speziellen Geographie des Kaiserstuhls eine milde Entschuldigung für das ausgeprägte Kirchturmdenken. Im Jahr 1951 befand der Freiburger Professor FRIEDRICH METZ:

„Wie aber von einem Gebirge keine staatsbildende Kraft

ausgehen konnte, so kann hier auch kein politischer und wirtschaftlicher Mittelpunkt erwartet werden. Das Gesicht des Kaiserstuhls ist nach den verschiedensten Seiten gerichtet, und seine wirtschaftlichen Interessen sind zwar im ganzen einheitlicher Natur, konnten aber selten zusammengefaßt werden."

Endinger, die zu Zeiten des Sonntagsspaziergangs rüber nach Riegel gingen, sagten früher „sie gehen auf's Land". Zugezogene wie Alteingesessene berichten bis heute von wunderlichen Animositäten. Macht der Brüderle etwas, kann es der Schätzle schon deshalb nicht machen, weil es Brüderle gemacht hat und vice versa. Wer sagt, das sei überall auf dem Land so, kennt den Kaiserstuhl noch nicht.

Katholisch/Evangelisch: Kaiserstuhl und Tuniberg sind nicht nur territorial, sondern auch konfessionell zerklüftet. Die zu *Vorderösterreich* zählenden Siedlungen waren lange Zeit katholisch. Noch vor ein, zwei Generationen wurde lieber ein Dorf weiter als in das nächstliegende, leider andersgläubige Dorf geheiratet. Sicher hat sich heute vieles verschliffen, zumindest Landärzte und Apotheker wissen aber noch, welche Unterschiede in ehemals katholischen und evangelischen Dörfern nachklingen.

Über Jahrhunderte unterschieden sich Wirtschaftsgeist und Lebenshaltung von Dorf zu Dorf. Mitte des 16. Jahrhunderts wechselte der MARKGRAF VON BADEN ins Lager der Protestanten und mit ihm die Dörfer der Markgrafschaft. In den damit evangelisch gewordenen Orten konnte sich der Bauernstand in der Regel etwas freier entwickeln; wirtschaftlicher Aufstieg begann, Schlösser und Herrenhäuser verschwanden nach und nach. In den einst zu Österreich gehörenden katholischen Orten hielt sich der Unterschied zwischen Adel und Kleinbauerntum dagegen länger. Bis heute erinnern Schlösser und Herrenhäuser am Tuniberg an den ehemals landsässigen österreichischen Adel. Etwa in Munzingen und Oberrimsingen (der Grafen VON KAGENECK). In Umkirch bewohnte die Ex-

Katholische Vergangenheit – Schloß Oberrimsingen

königin von Portugal das Schloß, in der Besatzungszeit nach dem Zweiten Weltkrieg zog der französische Gouverneur ein.

Nicht nur der Wirtschaftsgeist, auch Neigung zum Kulinarischen hat konfessionelle Wurzeln. Es ist wohl kein Zufall, daß sich gerade im katholischen Oberbergen mit dem *Schwarzen Adler* das älteste Gasthaus und bis heute das kulinarische Zentrum des Kaiserstuhl etablieren konnte. Der Name „Adler“ und das Wirtshaussymbol des Doppeladlers sind jedenfalls der österreichischen Herrschaft geschuldet.

*

Katholisch waren: *Breisach, Sasbach, Jechtingen, Burkheim, Oberrotweil, Kiechlinsbergen, Amoltern, Oberbergen, Schelingen, Vogtsburg, Achkarren* und *Wasenweiler. Endingen* und *Riegel* galten als katholisch mit bedeutenden evangelischen Minderheiten. Am Tuniberg: *Gottenheim, Waltershofen, Munzingen, Rimsingen* und *Merdingen.*

Evangelisch geprägt waren im Kaiserstuhl dagegen die ehemals markgräflichen Dörfer: *Bahlingen, Eichstetten, Ihringen, Bickensohl, Bischoffingen, Leiselheim, Königschaffhausen.* Am Tuniberg: *Tiengen* und *Opfingen.*

*

Kaiserstuhl XXL – Rebterrassen bei Oberrotweil

Flurbereinigung und Subvention

Fast 90 % der erwachsenen kaiserstühler Bevölkerung war vor einhundert Jahren in der Landwirtschaft tätig, aber um welchen Preis: „Der Besitz ist überaus stark parzelliert“, heißt es lapidar in einer Landeskunde aus der Mitte des letzten Jahrhunderts. Kleinbauern hatten oft 30 und mehr Grundstücke zu bewirtschaften, zwei Drittel der Landwirte waren Zwergbauern, mit Wirtschaftsflächen unter drei Hektar. So behielt ein Satz über das süddeutsche Dorfleben im 19. Jahrhundert gerade im Kaiserstuhl noch lange bis ins 20. Jahrhundert hinein seine Gültigkeit:

„Keine Bürger sind daheim,
wenn alle Bauern auf das Feld gefahren sind.“

Die einzigen großen Güter waren das *Waldgut Lilienhof* mit damals 240 Hektar Grundbesitz, sowie das staatliche *Rebgut Blankenhornsberg* mit immerhin 45 Hektar (beide bei Ihringen). Verantwortlich war eine Güterteilung, die bis ins hohe Mittelalter zurückreicht und durch die Ausbreitung des Rebbaues weiter gefördert wurde. Die im „Badischen Landrecht“ verankerte Realteilung des Grundbesitzes sorg-

Großterrassen am Badenberg bei Oberrotweil

te zwangsläufig für immer kleinere Anwesen. Industrielle Arbeitsplätze waren kaum vorhanden und so werkelten die meisten Kleinlandwirte auf winzigen Parzellen.

Die große Schieberei der 70er Jahre: Die unvermeidliche Flurbereinigung kam dann in mehreren Wellen über den Kaiserstuhl. Besonders einige groß angelegte Erdschiebereien während der 70er Jahre des letzten Jahrhunderts führten zu einer kontroversen, bis heute nachklingenden Diskussion über Dimension, Sinn und Unsinn von Flurbereinigungsprojekten. Nun wurde schon immer terrassiert, bei den großen Planierungen wurde aber, dank voller Landeskassen, zu viel des Guten getan: für die einen waren es „Monsterterrassen", für andere eine Gelegenheit, endlich mal den neuen Schlepper gradaus laufen zu lassen. Jedenfalls entstanden so maschinengerechte Weinplantagen, oft platt wie Kartoffeläcker, gleichsam die oberirdische Seite der industriellen Weinbereitung.

Heute ist man partiell geläutert: Hangrutsch im instabil

Neuere Kleinterrassierung am Schlichten bei Ihringen

gewordenen Löß sorgte bald für schwer kalkulierbare Folgekosten, die negative Hangneigung der früheren Großterrassierungen brachte wegen des geänderten Einstrahlwinkels der Sonne Qualitätsverlust, zudem ungünstiges Kleinklima mit der Folge von Kaltluftseen, Pilzdruck und Spätfrostgefahr.

Subventionierter Rückbau von Fördermaßnahmen: So monströs wie einst wird heute längst nicht mehr planiert. Hangneigung und Terrassentiefe werden mehr der Umgebung angepaßt, auch die Zuschußhöhe hat sich verändert, was sicher kein Fehler ist.

Wobei es einmal mehr zu den Pointen der Agrarförderung zählt, daß mitunter schon nach 20 Jahren mit öffentlichen Mitteln rückgebaut, gerodet oder neu bestockt wird, was zuvor eifrig gefördert wurde. Das ist im Übrigen nicht nur bei der Anlage von Terrassen so, die übliche Subventionitis betrifft auch die Förderung von Neuanlagen, deren Rodung und Wiederbestockung mit neuen Modesorten dann Jahre später wiederum bezuschußt wird.

Am Erlebadweiher in Endingen

Unser Häuptling hatte ein Kofferradio dabei, es gab keine smarten Phones mit runden Ecken und keine Helikopter-Eltern, die vor dem Ausgang kreisen.

Heimat und Gefühl

Heimat, da war doch mal was. Da waren diese endlosen Sommer. Hitzetage träge wie Tannenhonig. Mit dem immer gleichen Handtuch gingen wir an die immer gleiche Stelle auf der Liegewiese am See zu den immer gleichen Freunden. Wir waren frei, weil wir alle Trampelpfade im Gebüsch kannten und eine Mark dabei hatten, in der kleinen Innentasche der Badehose, vorne rechts.

Landlust war damals noch keine Zeitschrift, sondern ein Lebensgefühl. Unser Häuptling hatte ein Kofferradio dabei, es gab keine smarten Phones mit runden Ecken und keine Helikopter-Eltern, die vor dem Schwimmbad-Ausgang kreisen. Wir radelten nach Hause wie eine Herde junger Pferde. Die Dinge kamen auf uns zu. Wir waren frei.

Heimat war der mostige Duft von reifen Birnen, die mit einem stumpfen Plopp ins taufeuchte Herbstgras fallen. Heimat war die in unzähligen Streifzügen erlaufene, erschlichene Erfahrung der nächsten Umgebung. Ein in Fleisch und Blut übergegangenes Wissen um die Lebenswelt. In welcher Pfütze steht das Wasser am längsten? Wo wird der Weg so steil, daß man einen Gang zurückschalten muß? Wann sind die Früchte

Neue Heimat Bahlingen – das Hochamt überträgt sky

der wilden Haferpflaume reif, die auf halben Weg steht? Wer sitzt wo am Stammtisch und wenn ja an welchem Tag. Jetzt wird das Hochamt von *sky* übertragen, gleich neben der Kirche. Ist das noch Heimat, oder neue Heimat?

Heimat ist eine ganze Kalbshaxe aus dem Ofen, rundum von einer glasig gewordenen Haut umschlossen, Heimat wäre Bauernbrot, das seinen Namen verdient und nicht so schmeckt wie ein Nebenerwerbs-Hofladenbrot. Heimat wäre ein streichholzdünn geschnittener Wurstsalat, ohne Partytomätchen und Paprika-Applikationen. Heimat wäre Spargel ohne Spargelindustrie, wären Äpfel von einem Hochstamm, mit dem man schon länger per Du ist, wäre ein Weinbergpfirsichsorbet statt noch so einer Dessertvariation. Heimat kann so schön, offen und neu sein. Oder schon im Ton so angestrengt wie der Hauptgang eines Endinger Ambitionslokals: „Schuttertäler Lamm (Bauch & Rücken) / allerlei Bete / Cous Cous / Purple Curry."

Nicht nur unten rum, auch rauf bis zur Medaillongastronomie heimattümelt es flächendeckend. Marktfrische Varia-

So schmeckt Heimat – Weinbergpfirsiche

tionen aus heimischen Jagdgründen sind das Mindeste. Den pflegeleichten, auch zur TK-Ware passenden Heiligenschein gibt es in Form einer 500 Euro-Fördermitgliedschaft bei *Slow Food*. Moderne Klingelbeutel haben englische Namen und internationale Niederlassungen – und alles non Profit.

Die Heimat ist eine arme Sau, sie wird seit ihrer Kindheit mißbraucht. Dazu gehört auch die Abzockerei auf Vereinsfesten mit Industrie-Flammkuchen und anderer Meterware. Zur Heimat gehören Straußenwirtschaften mit direktem Metroanschluß. Dabei warnte schon im Jahr 1851 ein gewisser BARON VAERST in seiner GASTROSOPHIE vor blinder Liebe zur Soße von nebenan. „Sogenannte Hausmannskost ist in der Regel ein plumpes, ungeschicktes Essen, ohne Geist und Verstand, ohne System und Ordnung, grob gehandhabt; man steht hungrig davon auf."

Braucht es *Burgunderteller* und all die *Schmeck-den-Kaiserstuhl*-Initiativen, oder ist das Getue nur ein Zeichen für die Erosion der kulinarischen Heimat? Heimat ist eine Haltung, keine Kampagne.

Auskiesen, tieferlegen, fluten

Das integrierte Rheinprogramm wird die Landschaft gravierend verändern.

Integriertes Rheinprogramm

Im Rahmen des *Integrierten Rheinprogrammes* sind insgesamt 13 neue Hochwasserrückhalteräume (Polder) auf deutscher Seite am Oberrhein geplant – der Schwerpunkt der Maßnahmen liegt zwischen Weil, Neuenburg und der Ortenau. Seit 30 Jahren (!) tüfteln die Ämter diverser Landesgewässerdirektionen an ihrem Masterplan. Das Planfeststellungsverfahren begann 2006, es ist nun abgeschlossen, die Einsprüche von Anliegern und Bürgerinitativen stapeln sich. Der westliche Kaiserstuhl wäre besonders vom geplanten Rückhalteraum zwischen Breisach und Burkheim betroffen.

Das Gesamtvorhaben soll durch mehr Stauraum am Oberrhein den Hochwasserdruck rheinabwärts reduzieren helfen. Geplant, bzw. bereits im Bau sind Stau- und Wehranlagen, verbunden mit großflächigen „Auskiesungen". Auf Deutsch: die flußnahe Landschaft wird bis zu sechs Meter tiefergelegt und eingedeicht. Teile des Projekts sind im Bau, jahrelanger Bagger- und Planierbetrieb ist die Folge.

Daß es Alternativen zu einem bis zu 500 Hektar großen Kunststau in Rückhaltebecken gibt, haben betroffene Gemeinden bereits aufgezeigt: angepaßte, kleinräumige Lö-

Schweres Gerät – Dammbau bei Breisach

sungen, „Fließpolder", „Schlutenlösungen" und ähnliches könnten das Ablaufverhalten der Zuflüsse und die Fließgeschwindigkeit des Stroms ebenfalls verbessern und damit den Hochwasserdruck rheinabwärts reduzieren.

Ökologisch korrekte Feuchtgebiete

Das Ausbaggern von Rückhaltebecken wird, wie heute üblich, mit einem feinen Mäntelchen verkauft. Unabhängig vom Hochwassergeschehen sollen durch sogenannte „ökologische Flutungen" die eingedeichten Flächen in Richtung Feuchtbiotop verändert werden. Ziel ist ein periodisch überschwemmter Rheinauenwald, so wie es vor Tullas Zeiten war. Somit erfreut das Projekt neben der Fuhr-, Kies-und Baubranche auch einige Powerpoint-Ökologen, die zwar nie hier wohnen werden, aber eine klare Vorstellung vom ökologisch korrekten Feuchtgebiet haben.

Die Bewohner der Rheinauen befürchten dagegen auch eine Annäherung an frühere Lebensumstände: Schlammeintrag in riesige Rheinwaldflächen, Schnakenplage, Grundwasserprobleme, besonders auf jenen tiefer liegenden Flächen, die in den letzten Jahrzehnten bebaut wurden. Abgesehen vom Verlust jener Naherholungsgebiete, in denen auch ein paar der schönsten Freizeitgewässer der Region liegen, etwa der Altrhein und der Burkheimer Baggersee. Aber es gibt eben auch Ökologen, die in der Schnake einen Rheinauenbewohner sehen, dem sein Siedlungsgebiet zurück zu geben ist.

Breisachs ehemaliger Bürgermeister *Alfred Vornab* meinte zur Planfeststellung so lapidar wie treffend: „Das integrierte Rheinprogramm wird diese Landschaft gravierend verändern." In einigen betroffenen Gemeinden haben sich Bürgerinitiativen gebildet, die von der lokalen Verwaltung unterstützt werden. Weniger direkt betroffene Gemeinden, wie Neuenburg, versprechen sich dagegen eher Infrastrukturvorteile, etwa eine schicke Erlebniszone am Rhein dank der Landesgartenschau 2020, generös finanziert aus einem der Ausgleichstöpfe zur Ruhigstellung der Bevölkerung.

An einigen Deich- und Uferpartien bei Breisach zeigen Schautafeln, weshalb staatlich verordnetes Hochwasser eine feine Sache ist. So wird die Bevölkerung auf neue Feuchtzeiten vorbereitet und ein paar Biologen sind sicher schon eifrig am Larvenzählen.

Man muß schon ein Betonkopf sein, um eine Lösung mit hohen Dämmen und hektarweit ausgebaggerten Flächen als „integriertes und ökologisches Rheinprogramm" zu verkaufen. Im Grunde geht es um eine politische Frage: von oben verordnetes Mammutprojekt versus lokale Lösung, die nach den Verhältnissen vor Ort realisiert wird. Auch im Falle der Polder gilt somit – Rettung verspricht nicht Vernunft, sondern allenfalls Haushaltsnot.

Integriertes Rheinprogramm und Polder: An diversen Altrheinpartien, etwa am Rhein bei Hartheim (wo ebenfalls ein Polder entstehen soll), steht eine Info-Tafel der Gemeinde, die das Ausmaß der geplanten Polder aufzeigt, ebenso lokale Alternativen.

Ungesunde Buckelei – Weinlese zur Vorkriegszeit

Kaiserstuhl-Krankheit

„Er hatte ein gutes Herz, aber eine schlechte Leber“, war ein Nachruf für all jene, die einst an der sogenannten Kaiserstuhlkrankheit dahingeschieden sind. Der früher übliche Einsatz arsenhaltiger Stäube- und Spritzmittel war, zusammen mit der Wasserknappheit bei der Feldarbeit, ebenso verantwortlich für die verbreiteten Leberschäden wie ein großzügiger Haustrunk. Die Rebleute konnten sich nach dem Spritzen beim Vesper auf dem Feld oft nicht mal die Hände waschen. Aufschlußreich liest sich heute eine zeitgenössische Bemerkung von Herrmann E. Busse aus dem Jahr 1939, gemeint ist das Rebspritzen:

„Während dieses Geschäfts, das der Gesundheit nicht gerade dient, sind die Mannsvölker schlecht zu haben. Sie wollen nicht recht essen, können nicht gut schlafen und haben grausigen Durst.“

In den 30er Jahren des letzten Jahrhunderts erreichte die Krankheit solche Ausmaße, daß die Winzergenossenschaften ein Verbot der Bezeichnung „Kaiserstuhlkrankheit“ erreichten. Gegen die Warnungen der Ärzte ließ die Ihringer Winzergenossenschaft einen Fassadenspruch anbringen: *Es git meh alte Reblit, als alti Ärzt.*

Stammbelegschaft in Oberbergen

Frau Stöcklin, Herr Keller und das Hühnerhaus (von links)

Fritz Keller – im Stehen und im Sitzen

Neulich haben wir uns wieder mal getroffen, rein zufällig. Man kann Fritz Keller ohnehin nur zufällig treffen, weil er sich als Präsident, Weingutsbesitzer, Multi-Gastronom und Privatmensch gerne an mehreren Orten zugleich aufhält. Physisch oder metaphysisch, je nachdem. Es wurde dann aber ein durchaus entspannter Sommernachmittag, oben auf der Terrasse seines neuen Weingutes. Keller fand sogar Zeit für die Hühnerschar, die unter seiner Schirmherrschaft auf dem begrünten Flachdach ein artgerechtes Quartier gefunden hat.

Für Kurzweil sorgten diverse Intermezzi, auch mit dem Handy. Keller verwendet zwei Modelle, ein älteres mit Tasten zur Realtelefonie und ein Smartphone. Auf dem sind auch jene Fotos, die den aktuellen Stand der Laubarbeit seiner Rebleute dokumentieren.

Obwohl es mittlerweile als erwiesen gilt, daß Fritz Keller eine halbe Stunde am Stück still sitzen kann, fragt man sich manchmal schon, warum ein erfolgreicher Mann, der stramm auf die 60 zu geht, sich so ein Pensum antut. Downsizing und Sabbatical gelten in Oberbergen als Fremdworte, mindestens.

Eiche rustikal – Fritz Keller im neuen Weingut

Restless-mind-Syndrom könnte man Kellers chronischen Tatendrang auch nennen – sein Scanner springt jedenfalls an, sobald Lebewesen oder Probleme einen Raum betreten. Und noch immer kann er wie ein Junger schier ansatzlos die Laufrichtung ändern. Körperlich, gedanklich und überhaupt. Säurearmut (beim Wein), Antriebsschwäche (beim Menschen) sind ihm ein Grundübel. Die weite Welt, aber auch das Große im Kleinen befeuert ihn. Erst ein Exkurs zur grassierenden Spielerberateritis, kurz danach schaut er versonnen lächelnd rüber auf seine geliebten „Bödele". Auf die schmalen Rebterrassen drüben am Pulverbuck. Dort, wo es keine Ausstiegsklauseln, keine Ablösesumme und keine verpfiffenen Spiele gibt. Aber Burgunder auf Vulkanverwitterungsgestein.

Keller hat in den vergangenen Jahren einige Fässer aufgemacht. Bauherr eines Vorzeige-Weingutes, Mentor des Aldi-Weinprojekts, Vorsitzender und Promotor eines Fußballvereins, Gastgeber in gleich drei Gasthäusern – und hoffentlich noch Privatperson. Die altbadische Maxime „Eins packe mer

Im Talgang des Kaiserstuhls – Oberbergen und seine Bödele

noch" scheint zumindest in Kellers direktem Hoheitsgebiet universell zu gelten.

Im Gemütlichkeitsbiotop Südbaden muß so eine Einstellung auffallen, respektive einschlagen. Ein paar Schleifspuren sind bei so einem Drehmoment natürlich unvermeidlich. Aus gewöhnlich gut unterrichteten Kreisen ist zu erfahren, daß Keller zwar nicht mit dem Kopf durch die Wand geht, aber durchaus über die Fähigkeit verfügt, Türen verzögerungsfrei zu bewegen.

Wo sich kaiserstühler Temperament, Durchhaltevermögen und Lebensfreude paaren, können Dinge entstehen, die Lebensabschnittsingenieure nicht für möglich halten. Wenn die Sache mit dem still Sitzen irgendwann einmal noch besser klappt, muß man sich vermutlich Sorgen machen.

Jedes Jahr Ende Mai in Königschaffhausen

Neben dem Weinbau war der Erwerbs-Obstbau seit jeher die wichtigste landwirtschaftliche Einkommensquelle.

Kirschen

Das Paar »Kirsche« und »Königschaffhausen« erfreut sich in Bildbänden einer innigen Verbindung. Mal sind es „10.000 Bäume, die im Frühjahr leuchten“, mal ein paar weniger. Ich habe sie nie gezählt und all die anderen Autoren wohl auch nicht. Sicher ist, daß es in Königschaffhausen alljährlich zu Beginn der Saison ein Kirschenfest gibt, mit Wahl einer „Kirschenkönigin“ und so weiter, auch ein Kirschenmuseum gibt es am Platze. Dennoch sei daran erinnert, daß auch andernorts am Kaiserstuhl Kirschen gedeihen und früh reifen. Gegen Ende Mai, spätestens Anfang Juni ist es soweit, aber dann muß nicht jedes handgemalte Schild „Alte Sorte von Streuobst-Stämmen“ den Tatsachen entsprechen. Einen Zentner Obst vom Hochstamm zu ernten kostet ein mehrfaches der Arbeitszeit, als in der Spalieranlage. Und wer zahlt? Der 1,99 Neukauf-Kunde sicher nicht.

Bis zur Mitte des 20. Jahrhunderts galt der Kaiserstuhl als größte Kirschenausfuhrregion in Deutschland. Neben dem Weinbau war der Erwerbs-Obstbau seit jeher die wichtigste landwirtschaftliche Einkommensquelle. Durch den gestaffel-

Die Zeiten ändern sich – vom Kirschbaum zum Spalierobst

ten Anbau verschieden ausreifender Obstsorten ließen sich die Risiken eines totalen Ernteausfalls kompensieren. Neben dem Vieh- und Wochenmarkt gab es auch spezielle Fruchtmärkte; eigene „Kirschensammelstellen“ wurden an der Kaiserstühler Lokalbahn eingerichtet, von der Schnellzugstation Freiburg wurden die Frühkirschen dann bis nach Holland und England gebracht.

Neben den mächtigen Nußbaumkronen waren vor allem die hochstämmigen Kirschbäume einst die Charakterbäume des Kaiserstuhls. Gut gepflegte Hochstämme können zwischen fünf und zehn Zentner Ernte bringen. Der Vollertrag eines Baumes brachte in guten Jahren vor dem 2. Weltkrieg um die 100 Reichsmark, was damals einer Kaufkraft von gut 1.000 Euro entsprach.

Heute kann man angesichts der immer mehr dominierenden Spalieranlagen, etwa um Endingen-Königschaffhausen und Amoltern, nur noch vereinzelt von Charakterbäumen sprechen. Aber lange Zeit lag die Zahl der kaiserstühler Kirschbäume vor jener der Zwetschgen und diese wiederum

Typisch Kaiserstuhl – im Cabrio zur Kirschernte

vor dem Kernobst. Mittlerweile wird mit rasch tragenden, möglichst großfruchtigen Spaliersorten schnell auf Marktänderungen reagiert, so daß sich die Sortenstruktur, ähnlich wie bei den Reben, ständig wechselt.

Der größte Teil der Obsternte wird über den zentralen Annahmestellen des *Erzeugergroßmarktes Südbaden eG (EGRO)* vermarktet. 1.600 Landwirte liefern bei der südbadischen Vermarktungsgenossenschaft ab, am Kaiserstuhl gibt es EGRO-Annahmen bei Niederrotweil und in Königschaffhausen. Zur Hochsaison werden bis zu 400 Anlieferungen pro Tag verarbeitet, wobei fast 90 Prozent der Ernte von 100 Großerzeugern stammen.

Alte Hochstämme sind zwar schön anzusehen und ihre Früchte schmecken, aber die alten Landsorten sind wirtschaftlich längst ein Nischenprodukt. Auch beim Obst dominieren Großfrucht und Großflächen, sowie bundesweite Vermarktung handelskonformer Sorten.

Bitte keine mediterranen Gehversuche im badischen Gasthaus

Kulinarischer Kaiserstuhl

Ich wünsche mir eine Küche, in der frische Qualitätsprodukte mit handwerklichem Können zubereitet werden. Dazu vielleicht noch etwas Weinkultur, angemessene Preise und ein Service, der nicht pennt oder exekutiert, sondern mit Herz und Überblick bei der Sache ist.

Schön wär's, wenn jeder in seiner Klasse sein Bestes gäbe. Die Holzbankwirtschaft mit erstklassigem Schinken, Käse und hervorragendem Holzofenbrot, im Herbst vielleicht ein paar frische Nüsse auf dem Tisch. In der Mittelklasse einen Braten aus dem Rohr, statt mediterraner Gehversuche, vielleicht mal einen klaren Jus statt altdeutscher Soßenpampe und Beutelware.

Die Oberklasse nerve bitte nicht mit tiefen Tellern zu hohen Preisen, sondern mit feinhandwerklicher Zubereitung von Spitzenprodukten, die nicht dreimal durch den Wolf gedreht wurden, bevor sie zu bizarren Päckchen und Türmchen verhunzt werden. Das wäre mein kulinarischer Kaiserstuhl.

Die Realität im „Naturgarten Kaiserstuhl" sieht leider etwas anders aus. Zu den Standards in der fruchtbarsten Region

Verzweifelt gesucht – Kultur von Suppenterrine bis Weinglas

Deutschlands zählen nicht nur all die Carpaccio-, Risotto- und Tempura-Irrtümer, die in der Provinz noch immer für feine Küche gehalten werden. Anfang September, zur Zeit der vollreifen Weinbergpfirsiche wird man gerne mit Kiwi- und Sternfruchtapplikationen auf Desserts konfrontiert, Jakobsmuscheln und Riesengarnelen aus Fernost gibt es bald in jedem besseren Sportheim. Und kann mir bitte mal jemand erklären, weshalb solide Landgasthöfe gerade auf dem Land zur Rarität werden, während sie im urbanen Milieu wieder aufleben? Warum kommt man am Kaiserstuhl eigentlich ins Grübeln, wenn jemand nach einer Weinstube fragt, die den Namen verdient hätte? Und warum steht in Jechtingen seit Menschengedenken diese Leberle&Sulz Tafel auf der Gasse?

Vom Reichtum der alten Kultursorten, die im Eichstetter Schaugarten gedeihen, allein von den gut 40 Tomatensorten ist im kulinarischen Kaiserstuhl noch wenig angekommen. Natürlich gibt es vereinzelt Ausnahmen, es gibt sogar einen „Kräuterkoch“ in Niederrotweil. Eine Garnitur mit linksdrehenden Schlüsselblumenblüten hat aber wenig mit regionaler

Gewagte Kombination – ausgerechnet im Kaiserstuhl

Küche zu tun. Im Deutschen gibt es dafür das Wort *Kitsch*.

Es ist kein Mangel an gut gemeinten Flugschriften von der Sorte *Kaiserlich genießen®*, es gibt inszenierte PR-Veranstaltungen zu Mönchsbart und Kaiserbohne, zu Walnußtorte und Burgundereis. Rührende Versuche, gerne von hoch und trocken sitzenden Touristik-Funktionären in vielen Sitzungen ersonnen – und irgendwann sanft vergessen.

Entscheidend ist, was auf dem Teller ankommt und da wird niemand von guter Chancenauswertung reden wollen. PR-Profis wie Fritz Keller mischen die selbstgefällige Szene mitunter kurz auf, trommeln vor geladenen Journalisten für Vulkanspargel und Berner Rose – und dann kommt der gastronomische Alltag: Brokkoliröschen an Schnitzemöhre, hartschalige Long-life-Tomaten, „Wildkräutersalat“ aus dem Beutel, argentinisches Rindersteak aus dem Vakupack, Putenbrust auf Salathaufen. Speckige Kunstleder-Speisekarten, die daherkommen wie eine Altkleidersammlung. Antiquariatsküche „Aus dem Suppentopf“, „Aus dem Fischernetz.“ Bitte mal durchlüften!

Frühform der Cocktailbar – die Lichtgangstube

Lichtgangstuben

„Das junge Volk bringt die Abende heiter in den Lichtgangstuben zu“, heißt es in einer schon etwas älteren volkskundlichen Quelle zum Kaiserstuhl. Die frühe Form von Diskothek oder Cocktailbar etablierte sich im ländlichen Raum zunächst aus Sparsamkeitsgründen.

Franz Keller, der verstorbene Seniorwirt des Schwarzen Adler in Oberbergen, schildert in seinen bis heute lesenswerten kulinarischen Erinnerungen *Alemannisch angerichtet** unter dem Pseudonym Fridolin Schlemmer, wie man auch im Kaiserstuhl ursprünglich „zum Licht“ ging. Man traf sich, um abendliche Heimarbeiten in geselliger Runde zu erledigen. Reihum war jeweils nur ein Hof beleuchtet, der Treffpunkt, Einkehr und Arbeitsstätte zugleich war.

Heute hat die erleuchtete Tankstelle am Ortsrand oder das Körperstudio im Gewerbegebiet zumindest einen Teil der alten Funktionen übernommen.

* Alemannisch angerichtet, Zu Tisch mit Fridolin Schlemmer. Freiburg 1976, nur noch antiquarisch erhältlich, etwa über: www.zvab.com.

Speckschicht auf dem Kaiserstuhl – der Lößboden

Der Löß – vom Wind verweht

Löß ist der „Speck"
auf der „Vulkanruine Kaiserstuhl".

Franz Schneller

„Der Kaiserstuhl stellt die ausgeprägteste Lößlandschaft Süddeutschlands dar, mit Mächtigkeiten des Löß bis fast 30 Meter." Was sich als Zitat beeindruckend anhört, ist auch in Natur imposant. Lößablagerungen entstanden durch Windverfrachtung. Während den vegetationsarmen Kaltzeiten wurden riesige Staubmassen aus den Kalkalpen und der kaum bewachsenen Rheinebene verweht. Die Luftfracht konnte sich besonders im Windschatten des Vulkangebirges ablagern, also im Osten und Nordosten. Höhenlagen über 400 Meter haben meist nur eine dünne oder keine Lößschicht. Im flacheren Tuniberg sind die Lößschichten bis zu 20 Meter stark. Und nun noch was fürs Heimatquiz: Der Begriff *Löß* wurde im 19. Jahrhundert vom deutschen Geologen K. C. von Leonhard geprägt. Die Wortschöpfung geht vermutlich auf das alemannische Wort *lösch* = locker zurück.

Der nackte Löß – beginnender Hohlweg am Haselschacher Buck

Angewehter und dann zum Sediment verfestigter Löß ist eine Mischung aus feinsten Teilchen von Sand und Kalk, der Kalkgehalt im primären Löß reicht bis zu 30 Prozent. Lößböden sind mineralienreich, gut durchlüftet und sie haben ein hohes Wasserhaltevermögen – gute Bedingungen für den Landbau. Ebenso für Wildpflanzen und für Biotop-Spezialisten wie den Bienenfresser, der seine Nisthöhlen in Lößwänden baut, für die Smaragdeidechse, die warme Böschungen nutzt, auch für Wildbienen, von denen im Kaiserstuhl 82 Arten leben.

Anders als der vor Jahrtausenden angewehte und sedierte Löß, ist bearbeiteter Löß erosionsanfällig. Der Unterschied ist sehr gut an den wenigen erhaltenen Hohlwegen zu erkennen, die durch natürlich verfestigten Löß führen und deshalb stabil sind. Dagegen reichte oft schon ein Gewitterregen aus, um Löß aus den bearbeiteten Rebzeilen wegzuschwemmen.

Auch nach Jahrtausenden von Erosion, Landbau und Besiedlung – mehr als Dreiviertel der Gesamtfläche des Kaiserstuhl sind noch heute lößbedeckt. Von der enormen Dicke der Lößablagerung geben die Reste der alten Hohlwege eine

Vorstellung. Sie entstanden einst durch landwirtschaftlichen Fuhrverkehr; Gewitterregen sorgen für die Vertiefung. Die meisten Hohlwege sind längst verschwunden oder flurbereinigt, übrig sind nur noch Bruchteile des ehemals 600 Kilometer langen Wegesystems. Auch diese Reste sind eine naturkundliche Attraktion, etwa die Ihringer Schlichtengasse hinauf zum Lenzenberg (Streifzug Nr. 4); oder die *Eichgasse* bei Bickensohl (Nr. 12). Wandhöhen bis zu zehn Metern sind keine Seltenheit, je nach Exposition der Wände haben sich sonnen- oder schattenliebende Blütenstauden angesiedelt. An einem Frühsommertag über einen Hohlweg in lichte Laubwaldpartien kommen, auch so eine Form von Meditation, die ohne VHS-Kurs gelingt.

Vom Löß zum Lößlehm: Noch um 1950 erwähnen Heimatkundler die „eigenartig stilisierte und geradezu chinesisch anmutende Kulturlandschaft" im östlichen Kaiserstuhl um *Eichstetten.* Mit der Flurbereinigung in den 70er Jahren verschwand dann ein Großteil des „eigenartig Stilisierten" zugunsten maschinengängiger Terrassen. Der angewehte kalkreiche Löß der Kuppen und Höhenlagen wird durch Verwitterung und Humuseintrag zum dunklen, schweren Lößlehm. Der wurde in Niederungen und Talsohlen verschwemmt, wo er einen vorzüglichen Kartoffelboden abgibt, etwa um Forchheim (vgl. dort).

Auf den trockenen, kalkreichen Lößböden der Höhen, etwa am Badberg und am Haselschacher Buck, konnte sich jene Steppen- und Felsenheide bilden, die zur Biotop-Attraktion wurde – dort gedeihen Küchenschellen, Hügelanemonen, Wolfsmilch, Steppengräser und kalkliebende Orchideen.

Höhergelegene Lößlagen sind auch ein idealer Standort für jene Rebsorten, die auf kalkhaltigen Böden besonders filigrane Weine liefern, etwa Weißburgunder und Riesling. Sorten, wie der Blaue Spätburgunder, die einen schweren, lehmhaltigen Boden vertragen, können auch auf tiefergelegenen Lößlagen stehen.

Frühe Blüte, schöne Blüte – Küchenschelle

Naturschutz am Kaiserstuhl

Die botanischen Raritäten, die der Kaiserstuhl zu bieten hat, sind gefährdet. Zum einen durch den industriellen Landbau und Landverbrauch der letzten Jahrzehnte. Gefahr droht aber auch durch Sammler, die sich nicht an die markierten Wege halten und alles ausbuddeln, was blüht. Von den 50 in Deutschland bekannten Orchideenarten wachsen am Kaiserstuhl noch 33, man sollte sie aber dort lassen, wo sie am schönsten sind, in ihrer natürlichen Umgebung. Natürlich sind alle Arten geschützt.

Auf den Halbtrockenrasen fördert unnötiges Herumtrampeln zudem die Erosion, halten Sie sich deshalb bitte an die markierten Wege – das gilt auch für die im Kaiserstuhl so zahlreich angelegten Themenpfade. Plenum und Knabenkrautpfad schön und gut, aber der letzte Winkel muß nicht überall ausgeschildert werden. Ähnliches gilt für die Selbstversorgung aus dem Garten Eden. Wer tütenweise Obst und Nüsse abräumt, ist kein Naturfreund, sondern ein Strolch.

Der Walnußmann – Anton Schott, Leiselheim

Nußbaum – Obstbaum – Lebensbaum

Neben der Reben- und Obstkultur war der Walnußbaum lange Zeit eine der wichtigen Nutzpflanzen im Kaiserstuhl. 1930 wurden etwa 15.000 Nußbäume und 25.000 Kirschbäume gezählt (bei insgesamt 110.000 Obstbäumen). Als Solitär war der Walnußbaum mit seiner ausladenden Krone ein Charakterbaum der kaiserstühler Landschaft. Fast ein Dutzend Ölmühlen gab es vor dem Krieg am Kaiserstuhl, neben Nußöl wurde auch Raps- und Mohnöl produziert. Schonend kalt gepresste Walnüsse geben ein delikates Öl – gut ein Liter aus zwei Kilo Nußkernen, perfekt in einer Vinaigrette zu Feldsalat (Einkaufsquellen für kaiserstühler Öle, vgl. auch S. 150/307) .

Das dunkle Walnußkernholz gilt als wertvolles heimisches Möbelholz, intensiv gemaserte Wurzel- und Maserknollen werden auch zu Gewehrschäften und Humidoren verarbeitet. Als die Nachfrage nach Schaftholz für Gewehre zurückging, wurden auch die Nußbäume am Kaiserstuhl weniger. Während des Krieges gefällte Bäume wurden meistens durch Obstbäume ersetzt, die früher Ertrag bringen.

Nuß- und Obstbäume kaufen: Landbesitzer, die noch ein Stückchen frei haben, kommen um einen Ausflug an den

Öl, Möbel und Gewehrschäfte – Walnußbaum

Kaiserstuhl kaum herum. In *Sasbach-Leiselheim* hat sich der Obstbautechniker Anton Schott auf die Zucht und Veredelung von gut und sicher tragenden Walnußbäumen spezialisiert. Sein Sortiment an Nußbaumarten und Sorten – sowohl wurzelnackt, als auch in Containern – ist im Südwesten einzigartig; außerdem experimentiert Schott mit *Kakis* und anderen Exoten.

Wyhl verdankt seine überregionale Bekanntheit einem ungebauten Kernkraftwerk, aber nicht nur. Mit Wahrer und Ganter gibt es dort zwei Baumschulen, deren Sortiment weit über das Übliche hinausgeht, gerade bei Sträuchern, Obstgehölzen und Hochstammsorten.

Zum Thema Einheitsobst wäre ja einiges zu sagen, hier nur soviel: einen Obstbaum im Jahreslauf zu begleiten ist etwas anderes als an der SB-Kasse die Nr. 88 einzugeben. Gutes Obst bereichert das Leben. Ein berosteter *Boskop* mit seiner kräftigen Säure und dem mürben Fruchtfleisch und erst der Duft eines frischen Apfelkuchens; eine *Champagnerrenette,* die mit ihrer fettigen Haut in einer kühlen Garage bis in den

Alte badische Landsorte: Goldparmäne

Mai hinein hält; der unübertroffen edle Geschmack eines *Freiherrn von Berlepsch;* rote *Himbeeräpfel,* die zur Adventzeit einen ganzen Raum mit Duft erfüllen. Selbst die nussig-aromatische *Goldparmäne,* einst auf jeder Obstwiese zuhause, ist mittlerweile eine Rarität.

Boden, Wind und Wetter verdichten sich in Lokalsorten zu Früchten, die mit den süßlich-ausdruckslosen Konsumsorten nichts gemein haben. Was die Gärten der Vororte angeht, gibt es ja eine verblüffende Angleichung ans Vorabendfernsehen: überall die gleichen Mutanten! Pflegeleicht und abgasfest. Wer ein Stück Land hat, leiste sich den Luxus abweichender Früchte! In einer guten Baumschule finden Sie die Anregungen dazu.

Baumschule Anton Schott, 79361 Sasbach-Leiselheim, Steuernberg 2, Tel. 07642-5859. www.nussspezialist.de; Walusss- und Haselnussveredlungen. Je nach Vorrat auch sehr gutes selbst & kalt gepresstes Walnußöl, garantiert aus kaiserstühler Ernte (0,5 Liter ca. 14 Euro).

Baumschulen in Wyhl: Baumschule Klaus Ganter, Baumstr. 2, Tel. 07682-1061. Großer Sortenkatalog, auch Versand. Baumschule Klaus Wahrer, Endinger Str. 92, Tel. 07642-7803.

**Plenum heißt auch:
Was singt oder blüht, wird gefördert**

Plenum et al.

Plenum = *Projekt des Landes zur Erhaltung und Entwicklung von Natur und Umwelt.* Plenum förderte über Jahre hinweg rührige Menschen und gute Ideen, vom *Taschenbegleiter Gottesanbeterin und Heuschrecken im Kaiserstuhl* bis zu Themenpfaden und Themenachsen. In der Folge steht der naturpädagogische Schilderwald am Kaiserstuhl in voller Blüte, gleich ob Bienenfresser- oder Steinkauzpfad, ohne Vollbeschilderung ging jahrelang nichts. Dazu kommen Baumpflanzaktion mit integriertem Politikerauftritt oder so bedeutende Förderprojekte wie ein *Vulkanbrot-Quiz.* Plenum heißt auch: was singt, blüht oder sich bewegt, wird gefördert.

Manches Plenum-Projekt könnte ein Satiriker nicht besser erfinden. Vor wenigen Jahren, zur Hochzeit von Plenum, berichtete die Lokalpresse aus dem Gemeinderat Bötzingen zum Thema Erlebnispfad im Schambachtal: „An einem Wegstück der Route wird eine Trockenmauer aufgesetzt. Damit kann das Projekt auch mit Plenum-Geldern gefördert werden. Entlang der Route soll es Infostationen zu Eidechsen und Blindschleichen und eine mit Solarstrom betriebene Station mit einem Vogelstimmenquiz geben."

Im Landhandel – Werkzeug, statt Spielzeug

Paßt die Schaufel zu meinen Oberarmen? Könnte man sich mit der Spaltaxt eine längere Beziehung vorstellen.

Im Landhandel

Eine chinesische Weisheit rät: „Wenn Du Erleuchtung suchst, dann hacke Holz und trage Wasser." Lektionen zur Erhellung gibt es schon in der nächsten Raiffeisen-Filiale oder bei einem Fachhändler für Landtechnik. In Eichstetten bei HISS zum Beispiel oder wie bereits erläutert, in Ihringen-City bei WÖRNE.

Der klassische Landtechnikhandel ist ein mit den Ansprüchen der Region vielfach verwobenes Institut und damit Gegenteil eines Baumarktes. Im Landhandel riecht es nach Sackware, Kettenöl und Sachverstand. Die Hacken sind geschmiedet, auf den Spatenblättern steht: „Deutsche Wertarbeit. 5 Jahre Garantie. Es gibt Hasendraht, aber (hoffentlich) kein Echsenfutter. Im Landhandel ist jemand, den man fragen kann und wenn mal keiner da ist, dann nimmt man seine Hände und fragt die Dinge. Paßt die Schaufel zu meinen Oberarmen? Könnte man sich mit der Spaltaxt eine längere Beziehung vorstellen; sind die unübertroffen robusten Handschuhe von *Bison® Wald* wieder auf Lager?

Faßbürste, Molkereibürste, Birkenreisbesen – anders als in einer Flughafenboutique haben die Artikel beim Landhändler einen Namen und einen Nutzen. Außerdem wirkt die Kundschaft gelassener als in einer Abflughalle.

Hacken, binden, spritzen

Durch Flurbereinigung und Mechanisierung ging der Arbeitsaufwand in den Reben um etwa 75% zurück; Tendenz weiter sinkend.

Rebarbeit, Rebhisli und Rebschere

Ein *Steckhaufen* = 2,5 ar, ein *Mannshauet = 4,5 ar*. Das alte Kaiserstühler Flächenmaß *Steckhaufen* stammt aus einer Zeit, als die nicht imprägnierten Rebpfähle über Winter noch aus der Erde gezogen und gruppenweise zu großen Haufen zusammengestellt wurden. Im waldarmen Kaiserstuhl waren Rebpfähle wertvoll, es galt, ihre Haltbarkeit zu verlängern. Auf einem dieser pyramidenförmig aufgestellten Steckhaufen kamen dann alle Rebpfähle von 2,5 ar Land. Mit dem Aufkommen von pilzhemmendem *Kupfervitriol* war die mühsame Technik aber umstritten: „Merkwürdigerweise ist die Sitte ortschaftsweise verschieden, so werden in Wasenweiler die Pfähle im Winter zu Steckhaufen zusammengestellt, in der Nachbargemeinde Ihringen dagegen nicht."

Alles Geschichte. Durch die Flurbereinigung während der 70er und 80er Jahre ging der Arbeitsaufwand in den Reben um ca. 75% zurück; Tendenz weiter sinkend, auch wegen der mittlerweile weit verbreiteten Maschinenlese durch Vollernter. Immer öfter klingt es zwischen den Rebzeilen nicht alemannisch, sondern irgendwie osteuropäisch. Vespernde Erntehelfer, die am langen Tisch eine romantische Herbst-

Tradition schmeckt – Herbstvesper bei Munzingen

gesellschaft bilden, geben zwar ein schönes Bild ab. Gepflegt wird die nostalgische Sitte nur noch von wenigen Weingütern und Nebenerwerbswinzern. Wer je am Steilhang geherbstet hat, weiß auch, daß Weinbau und Bergbau Gemeinsamkeiten haben. Auch daran mag denken, wer heute auf Asphalt durch die Reben schlendert. Die alten Bilder vom Winzerleben sehen schön aus, aber es war eine Schinderei und ohne Saisonarbeiter wäre es heute nichts mit dem gemütlichen Viertele.

Anleitung zur Wellness am Rebhisli: Eine gute Zeitung oder einen guten Menschen mitnehmen. Sonst alles zurück lassen. Eine warme Südseite suchen, ein, zwei Steine zurecht rücken, ein vom Wetter gegerbtes Holzbrett drauf legen. Im Rücken die warme Holzwand spüren, sich lang machen, auf die Strömung warten. Neben der Bucht am Meer gehört so eine sonnige Rebhütte zu den Distanzplätzen erster Güte. Nur ist man schneller dort.

Meine erste Rebschere habe ich vor 25 Jahren gekauft. Eine Felco Nr. 7 mit roten Rollgriff, der schont Muskulatur und Sehnen. Meine Rebschere wurde mir über all die Jahre ein

Hält noch ein paar Jährchen – Felco Nr. 7 (mit neuer Klinge)

solides, zuverlässiges Werkzeug, unverzichtbar wie Handsäge oder Rohrzange, aber kein Gegenstand größerer Zuneigung. Die Klinge meiner Felco habe ich manchmal mit einem Schärfstein abgezogen; aber nur, wenn es wirklich nicht mehr anders ging. Ansonsten braucht so eine Rebschere kaum Pflege. Wenn Klinge und Griffe beim Herbsten nach und nach klebrig wie Honig werden, genügt das Abspülen mit Wasser.

Vor drei Jahren habe ich meiner Felco dann eine neue Klinge spendiert. Eine neue Klinge ist wie ein Austauschmotor, meine Felco geht jetzt wieder so leicht wie am Anfang durch's Holz. Die Klinge habe ich in Ihringen bekommen, im Eisenwarengeschäft Wörne. Eigentlich wollte ich gleich noch eine neue Gegenklinge mitnehmen – wenn man schon mal da ist. Eisenwarenhändler Wolfgang Wörne meinte aber, auf zehn Felco-Klingen verkaufe er höchstens eine Gegenklinge.

Ich kam ins Grübeln. Die neue Klinge meiner Felco könnte mich bis zum Achtzigsten begleiten – wenn es sehr gut läuft. Selbst wenn es verdammt gut läuft, ist eine Ersatz-Gegenklinge also keine naheliegende Option. Seit dem Klingenwechsel habe ich eine Beziehung zu meiner Felco.

Grüner Tagebau – Rebland am westlichen Kaiserstuhl

Terrassen

Mal sind es schmale idyllische Streifen, im lokalen Dialekt liebevoll *Bödele* genannt, mal erinnern die flach planierten Rebfelder eher an Großflächen im Tagebau. Das terrassierte Rebland des Kaiserstuhls regt seit jeher die Phantasie der Betrachter an. Manche Autoren wähnen sich geradewegs an asiatische Teekulturen erinnert, andere nutzen den steten Wechsel zur großen Addition: So rechnet uns KARL MÜLLER, vor bald einhundert Jahren der Leiter des Weinbauinstitutes Freiburg, schwerst beeindruckt vor:

„Von der kleinen Gemeinde Wasenweiler habe ich die Lößterrassen anhand einer Vergrößerung des Meßtischblattes gemessen. Würde man alle Terrassen aneinander anschließen, dann würden sie allein in dieser Gemeinde eine Länge von 30 Kilometer einnehmen. Wenn man die Länge aller Lößterrassen des Kaiserstuhls messen wollte, käme man wohl auf eine Kilometerzahl, die der Entfernung von Freiburg nach Berlin gleichkäme. Hieraus erhellt die ungeheure Arbeitsleistung, die in dieser in Deutschland einzig dastehenden Terrassierung steckt.“

Jeder Ihringer ist ein Esel.
aber nicht jeder Esel ist ein Ihringer.
K.F. 12

Übernamen, Gemüt und Vulkanismus

Ein Übername dient seit jeher der Belebung zwischenörtlicher Vorurteile. Nachfolgend eine kleine Auswahl an historisch oder mündlich überlieferten Spitznamen, die Nachbarn betreffen (vgl. auch »Eigensinn«). Manche Übernamen dürften mittlerweile fast vergessen sein, die Beurteilung des Wahrheitskerns sei der Erfahrung anderer überlassen. Ansonsten hilft Gelassenheit, denn wie sagt der Volkskundler so schön „Ortsneckereien sind ein buntes Gebinde im Garten des Volkstums".

Amolterer .... Heidelbeere
Riegeler .... Haideköpf' (Heidenköpfe)
Bickensohler .... Hengste
Bischoffinger .... Schafsnasen (alte Apfelsorte)
Burkheimer .... Schnecke, Kläpperli
Breisacher .... Herdepfeli (kleine Kartoffeln)
Sasbacher .... Schnooken
Bahlinger .... Muurerkübel (der Muurer ist ein Maurer)
Ihringer .... Esel
Jechtinger .... Querköpf

Die *Ihringer* verdanken ihren Übernamen einem salomonischen Urteil, einen Esel betreffend. Das angeblich entlaufene Tier hatte im Weinberg Trauben gefressen. Ein Müller, dem das Tier gehörte, wurde vom Grundbesitzer auf Schadensersatz verklagt. Das Gericht entschied, der Kläger hätte zunächst den Nachweis zu erbringen, ob das Tier beim Traubenfressen gesessen oder gestanden hätte. Der Traubenklau eines womöglich sitzenden Esels sei ein Klagegrund, wogegen der Traubengenuß *Passando* oder im Stehen nicht klagefähig sei, da es sich dabei um ein sogenanntes „Ehrtrinkle" handle. Und wenn's nicht stimmt, so hört sich's wenigstens gut an.

Gemüt & Vulkanismus: „Heimliche Glut macht die Augenwinkel schmal bei manchem Kaiserstühler" – und so weiter. Die Trivialanalogie zwischen Kaiserstühler Vulkanismus und latent heißblütigen Bewohnern wird gerne weitergereicht: Von Buch zu Buch, von Bembel zu Bembel. Kaum eine Weinreportage, in der Floskelanten nicht die „Glut der Vulkanböden" bemühen, selbstredend bedeckt der Grauburgunder „sonnenverwöhnte Hänge". Sie wissen schon, „komplexe, tiefgründige Aromen", „ein Maul voll Wein", „den Gegner von Anfang an unter Druck setzen".

Der vulkanische Ursprung des Kaiserstuhls wurde vermutlich 1774 von einem Elsässer BARON DIETRICH erkannt. Heute nimmt man an, daß es sich um mehrere Ausbrüche, sowie um verschiedene Ausbruchstellen gehandelt haben muß. Das Zentrum der Eruptionen könnte zwischen Oberbergen und dem Totenkopfgipfel gelegen haben. Vulkanisches Gestein kommt aber in einem Umkreis von 50 Kilometer um den Kaiserstuhl vor, etwa bei Colmar, im Kalibergwerk von Buggingen, auch in den Emmendinger Vorbergen. Der Name *Kaiserstuhl* galt ursprünglich nur der höchsten Erhebung *Totenkopf* (559 m), er wurde erst später auf das gesamte Gebirge übertragen.

Kaiserstühler Sommeliers unter sich

An den erloschenen Vulkanismus erinnern der Name und die lauwarme Quelle am *Badberg,* die früher ein Badehaus speiste, nun ist dort ein Tretbecken und ein kleiner Pool. Eine Attraktion war früher auch das Gasthaus „Zum Bad und Rebstock" im Bötzinger Ortsteil *Oberschaffhausen,* mit Kur- und Badebetrieb. Von der kalkhaltigen Mineralquelle heißt es in zeitgenössischen Quellen diplomatisch: „Es mag offen bleiben, ob das Wasser oder der Wein hier die größere Anziehungskraft ausübt."

Auch wenn es um die aromatische Attraktion des Kaiserstuhl geht, sind die Ansichten zwischen Winzern und Gastronomen bis heute recht kontrovers. Jeder der beiden Gruppen beansprucht die Führung.

Üppig beschildert – das Wanderwegnetz im Kaiserstuhl

Wanderwege

Bereits vor Jahren wurde das gesamte Wanderwegnetz im Kaiserstuhl nach dem System des Schwarzwaldvereins einheitlich und dichtmaschig beschildert. Die gelbe Raute auf weißem Grund ist seither das wichtigste Wegzeichen, dazu kommt die Markierung zentraler Wegpunkte mit Standortname, Höhe des Standortes, Entfernung zu wichtigen Nah- und Fernzielen am Weg (in absteigender Folge). Die ehemals unterschiedlichen Wegsymbole für wichtige Kaiserstühler Wanderrouten haben nur noch als Zusatzmarkierung eine Bedeutung, etwa die rote Raute auf dem wichtigen Querweg Schwarzwald, Kaiserstuhl, Rhein.

Wanderrouten: Auch die Wanderroutenvorschläge in diesem Buch sind mit der gelben Raute markiert. Dazu wird ein Wanderwegkreuz mit Standortname und Höhe als Ausgangspunkt angegeben. Dies gilt, gleich welche zusätzlichen Wegzeichen vor Ort noch anzutreffen sind.

Wanderkarte: Die detailreiche Kaiserstuhl-Wanderkarte (1 : 30.000) von römer.grafik, Ihringen, gibt es u.a. beim Verkehrsverein Ihringen oder bei der Drogerie Blum, Ihringen (aus dieser Karte stammen auch die Ausschnitte im Text). Oder: Seeger Ausflugskarte, Kaiserstuhl, 1:22.000, mit allen Straßennamen, ebenfalls im lokalen Handel.

Die Krönung edler Sorten – Spätburgunder auf Vulkangestein

Zum Weinbau im Kaiserstuhl

Kaiserstuhl und Tuniberg sind eine Weinregion. Ein Drittel der badischen Rebfläche von insgesamt gut 16.000 Hektar liegt hier, im *Kaiserstuhl* ca. 4.400 Hektar, im *Tuniberg* gut 1.000 Hektar. Zum Vergleich: der australische Getränkekonzern FOSTER's bewirtschaftet mit 16.000 Hektar das Vierfache der Rebfläche am Kaiserstuhl, die US-amerikanische Winzerei GALLO, die sich gerne als „Familienbetrieb" positioniert, bewirtschaftet ca. 5.000 Hektar in Kalifornien.

Dicht nebeneinander und für Laien schwer unterscheidbar, wirtschaften im Kaiserstuhl Erzeuger von Spitzenqualität und solche, auf deren Produkte die Bezeichnung „Qualitätswein" eher im weiteren Sinne zutrifft. Daß diese ihren Trunk dennoch so nennen dürfen, sagt genug über Weingesetze, Kontrollen und Prämierungszirkus (vgl. »Weinwissen«).

Müller-Thurgau-Krankheit und Burgunder-Fieber: In der *Sortenstruktur* der Kaiserstühler Weine spiegelt sich bis heute die Anbaupolitik der Genossenschaften. Mengendenken und Markttrends dominieren das Geschäft. Lange Jahre wurden, wo immer möglich, besonders aber in minderen Lagen,

Grundlage jeder Qualität – selektive Handlese

Massenträger wie Müller-Thurgau gesetzt. Um die Jahrtausendwende, zu Zeiten eines Rotweinbooms, kam es zur subventionierten Rodung von „Müller"; die Pflanzung von Spätburgunderreben wurde forciert und gefördert – auf daß die Rotweinschwemme komme. Als Folge des Weinbaudirigismus werden Klassiker wie die Kaiserstühler Charaktersorte *Silvaner* mehr und mehr verdrängt, auch die verrufene Müller-Thurgau-Traube kann durchaus feine, mitunter fast filigrane Weine bringen. Wenn jedoch hohe Erträge spät geerntet und restsüß ausgebaut werden, gibt es penetrant-pappige Weine. Ähnliches gilt für Silvaner und Weißburgunder.

Wegen Vermarktungsproblemen bei den eleganten, vermeintlich „kleinen Weißweinsorten", werden seit Jahren die Burgunderfamilie bei Neuanlagen favorisiert. Zum einen *Grauburgunder,* in besonderem Maß aber *Blauer Spätburgunder.* Im Kaiserstuhl steht der Spätburgunder Rotwein auf 50 % der Fläche, am Tuniberg auf 55 %. Einmal mehr rennt die Masse – in einem klassischen Weißweingebiet – einem Trend hinterher. Gerne wird im Burgunderfieber auch übersehen, daß gerade die Edelsorte Spätburgunder höchste Anforderungen an den Boden stellt und in minderen Lagen oder bei hohem Ertrag keine befriedigenden Ergebnisse bringt. Fazit: Die Rotweinschwemme ist da.

Die einzige Möglichkeit, das Wein-Überangebot auf Dauer in den Griff zu bekommen, wird nach wie vor nur von Spitzenerzeugern verfolgt: eine konsequente Ertragsreduzierung weit unter das heute übliche Maß von 90 Liter je Ar. Qualitätsweinbau im Wortsinne beginnt nun mal unter 50 Liter je Ar und nicht darüber. Im übrigen wird man sich auch bei Politik und Agarlobby irgendwann an den Satz gewöhnen müssen, daß der Markt stärker als die Subvention ist. Längst sind Kaiserstühler Burgunder aus Durchschnittslagen zum Discountprodukt verkommen.

Winzergenossenschaft – Fluch und Segen: In einer lange Zeit vernachlässigten Agrarregion wie dem Kaiserstuhl war der Genossenschaftsgedanke zunächst ein Segen. 1926 gründen 24 Mitglieder die erste Genossenschaft am Kaiserstuhl in *Bickensohl*. Kaum zehn Jahre später waren alle Winzer des Ortes in der Genossenschaft, der neue Weinkeller gehörte „zu den Sehenswürdigkeiten des Kaiserstuhls". In *Ihringen* wird die zweite Genossenschaft am Kaiserstuhl gegründet, die bald zur größten Genossenschaft in Baden aufsteigt. Die Gründung der Winzergenossenschaften erschloß den kleinen Erzeugern neue Absatzchancen. Es entstand jene Sicherheit, die eine vorausschauende Absatzpolitik erst ermöglicht. Das Preisdiktat der Weinhändler wurde gebrochen, eine Mißernte gefährdet nicht mehr die Existenz, Maschinen kommen allen zugute.

Mit dem wirtschaftlichen Aufschwung formierte sich freilich auch eine Funktionärs- und Vertriebslobby, die nicht den reinen Wein, sondern Profit und Posten im Sinn hatte. Ein folgenreicher Schritt war 1952 die Gründung der Zentralkellerei Badischer Winzergenossenschaften in Breisach (früher: ZBW,

Kleinbeerige Klone, gute Lage = hohe Qualität

jetzt: BADISCHER WINZERKELLER). Seither wird ohne Unterlaß optimiert, fusioniert und neu positioniert. Die Winkelzüge im badischen Genossenschaftswesen sind Legende – sicher ist nur eines: nach der nächsten Aufsichtsratssitzung wird alles noch besser.

Geschäftsführer kommen und gehen, was bleibt, ist die Abnahmegarantie, die alle Genossenschaften allen Mitgliedern bieten müssen. Aber wo bleibt die Qualität, wenn Lesetermine kollektiv gelten, wenn alles in den „großen Tank" kommt und über anonyme Kanäle vermarktet wird. Wer setzt auf Spitze, wenn er seine Kunden nicht sieht, sondern zur Generalversammlung geht und das *Traubengeld* per Scheck bekommt?

Auch beim Pflanzgut wurde die gezielte Züchtung von ertragsstarken Rebklonen forciert. Die alten, oft kleinbeerigen Reben wurden durch ertragsstabile, großbeerige Züchtungen ersetzt, bei denen die Ertragsmenge im Vordergrund steht. Heute suchen die Spitzengüter gezielt nach alten, kleinbeerigen Klonen und importieren diese teils über die grüne Gren-

Aromatisches Tuning – Lagerung im neuen Barrique

ze. Über Jahrzehnte galt, Hauptsache Ertrag und Oechsle stimmen – ph-Wert, optimale Reife und Qualität Nebensache.

Natürlich können auch Genossenschaften Spitzenweine erzeugen. Die vielzitierten Selektionen betreffen aber nur einen Bruchteil der Gesamtproduktion. Bis auf Ausnahmen wird Genossenschaftswein als standardisiertes Produkt ausgebaut. Eine Ware, die logischerweise dort angeboten wird, wo Menge vermarktet wird: beim Discounter neben den Mixgetränken.

Ein kaiserstühler Winzer, der auf seine späten Tage noch mit der Selbstvermarktung begonnen hat, sagte mir einmal: „Drei Tage im Leben werde ich nie vergessen. Das Ende der Kriegsgefangenschaft, meinen Hochzeitstag und den Tag, an dem ich aus der WG ausgetreten bin.“

Weine, anstrengend wie Regietheater: Der kleine Anteil hochwertiger Weine an der Gesamtproduktion zeigt auch, wie irreführend das System von Weinprämierungen ist. Erzeuger können mit ein paar hundert Litern eines Selektionsweines an -zig Wettbewerben teilnehmen. Mitunter werden Weine regelrecht als Medaillen-Abräumer designt, als Journalismus getarnte PR gibt's gratis dazu. Nur, was hat der Kunde davon? Die Siegerweine sind nach der Schau oft vergriffen, überteuert, oder so wuchtig, daß man nach drei Schluck genug hat. Komplizierte Weine, so anstrengend wie Regietheater. Derweil bleibt 95 % des Gesamtprogramms banal wie immer. Mir ist ein Betrieb lieber, der quer durch seinen Sortenspiegel, also auch bei Alltagsweinen, überdurchschnittliche Qualität bietet.

Mit nachhaltiger Qualität und aufrechter Gesinnung hat der aufgeblasene Prämierungsbetrieb mitsamt seinen korrespondierenden Mietmäulern nichts zu tun. Hinzu kommt, daß niemand zwanzig, dreißig und mehr Weine an einem Tag objektiv probieren kann. Die Reizschwelle der Sensorik verschiebt sich nun mal im Lauf einer Verkostung immer weiter nach oben. Jeder Kenner weiß, daß sein Differenzierungsvermögen schon nach einigen Proben nachläßt, aber keiner verhält sich entsprechend. Er würde dann nicht mehr zu den Veranstaltungen nebst Beiprogramm eingeladen. Das Wort «überprobiert» trifft diesen Zustand abgestumpfter Sinne recht genau (der Ausdruck stammt vom verstorbenen Winzer *Wolf-Dieter Salwey).* Die Folge: leichte, elegante Weine haben es im Lauf einer Probe immer schwerer. Aufgezäumte Paradegäule fallen innerhalb des Zirkus am ehesten auf. Also kommt es zum Boom alkoholreicher, aromatisch überladener Weine. *Trinkmarmelade* und *Parkerisierung* sind Stichwort zu solchen Granaten.

Wucht statt Finesse: Die meisten Weine, die bei Prämierungen vorne landen, haben hohe Alkoholwerte, kommen aus dem Barrique oder sind sonstwie aufgemotzt, nicht selten mit ein paar Gramm Restsüße, auch wenn sie unter dem Etikett „trocken" laufen – erlaubt sind schließlich bis zu 9 Gramm Restzucker je Liter. Durchgegorene, spritzige Kabinettweine, wie sie für unsere Weinregion auch typisch wären, haben innerhalb solcher Konkurrenz kaum noch Chancen. Folgerich-

Lage, Lage, Lage – Winklerberg und Blankenhornsberg

tig verzichtet manches erstklassige Weingut mittlerweile auf das ganze Brimborium und schickt seine Weine nicht mehr auf Wettbewerbe. Lassen Sie sich also von Medaillen und Preisen nicht beeindrucken! Solche Systeme waren schon immer für Leute gedacht, die mehr Geld als Urteilskraft haben.

Bei allen im Buch genannten Gütern bekommen Sie im ursprünglichen Sinne gebiets- und sortentypische Weine. Weine, die nicht trendgerecht gestylt wurden. Fragen Sie dazu gezielt nach „säurebetonten, trockenen Kabinettweinen", denn erst ab der Prädikatsstufe KABINETT dürfen Weine nicht mehr *angereichert* werden, was nichts mit Restsüße zu tun hat: *Chaptalisieren* oder *Anreichern* bezeichnet vielmehr die Zuckerzugabe zur Erhöhung des Alkoholgehalts.

Design statt Wein: Wie so oft, wenn ein Markt gesättigt ist, wird nicht an der Qualität, sondern an der Karosserie gebastelt. Oft gilt der Auswahl kurioser Flaschen und gestylter Etikette mehr Sorgfalt als dem Inhalt. Keine Idee ist abstrus genug, selbst belanglose, vom Vollernter gelesene Weinchen

Alles auf einen Streich – Vollernter im Großlagen-Einsatz

werden durch extremen Barriqueton aufgemöbelt (sog. *Schreinerwein*), da wird Alltagsqualität in gläserne Baßgeigen oder lange Flöten abgefüllt, eine bei Vollmond gelesene Esoterik-Edition ist nur eine Frage der Zeit. Wer statt Wein Design verkauft, richtet sich selbst.

Wer sorten- und lagentypische Weine sucht, die individuell gelesen und ausgebaut werden, ist beim privaten Erzeuger besser aufgehoben als bei einer Genossenschaft. Der Genossenschaftsgedanke zwingt zur Einhaltung kollektiver Lesezeiten – gleichgültig, ob in der Lage X vom Genossen Y eine frühere oder spätere Lese angemessen wäre. Ein nach Kleinlagen getrennter Ausbau würde separate Fässer, Abfüllungen, Etikette und Preise erfordern, was sich kaum eine Genossenschaft leisten kann. Terroir und Eigenart schmecken aber anders .

Folgerichtig verschwanden mit der Einführung der großen Tanks auch viele geschätzte *Einzellagen* zugunsten leicht handhabbarer, aber letztlich aussageloser *Großlagenbezeichnungen.* So können unter der kaiserstühler Großlage *Vul-*

Alles getrennt – selektive Handlese in der Einzellage

kanfelsen alle 42 Einzellagen aus 4.400 Hektar Anbaufläche vermarktet werden. Die Komponisten von Marktweinen sind darüber sehr erfreut. Man kennt das: Die Lobby schafft sich die Gesetze, die sie braucht.

Deutlich wird dies auch bei der Festlegung der Mindestkriterien für *Qualitätsweine* (sog. Q.B.A.-Weine). In den letzten 10 Jahren hat über 95 % der Lese die Qualitätsweinkriterien erfüllt. Was ist von «Qualitätsnormen» zu halten, die so gut wie alle erfüllen? Bei den weitgehend entwerteten Lagennamen haben die Erzeuger längst reagiert; bei tatsächlichen Qualitätsweinen steht der Erzeugername stets prominenter auf dem Etikett als die Lagenbezeichnung.

Weingeschwurbel

„Tänzerische Burgunder werden von seidigen, feinkörnigen Tanninkleidern umhüllt.“

Weinprosa

Meist beginnt die Erregungsspirale mit einem „subtilen Aromenspiel“, das sich rasch zum „hochkomplexen Duft von roten Pflaumen und eingelegten Kirschen“ hochschaukeln kann. In der Preisliste eines sonst ganz zurechnungsfähigen kaiserstühler Weingutes wurde schon ein „geradezu tänzerischer Burgunder“ von einem „seidigen, feinkörnigen Tanninkleid umhüllt“. Wie man als Otto Normaltrinker mit einem seidigen Tanninkleid klar kommt, stand aber nicht im Verkaufsprospekt. Bis heute erscheinen allenthalben die üblichen Verdächtigen: „transparente Frucht“, „markante Würze“, „erfrischendes Säurespiel“. Ein Spätburgunder wird auch mal „von präzisen Säureadern durchzogen“. Offen bleibt, ob man als Frau nachts so einem Wein begegnen möchte.

Das aromatische Geschwurbel der Weinansprache reicht vom „scharf gerittenen Damensattel“ bis zur „salzigen Pikanz“. Neulich meinte ein olfaktorischer Geisterfahrer zu seiner Tischnachbarin: „Der schmeckt nach frisch aufgebrochenem Reh im Herbstlaub.“ Auch der Obstfetischist ist noch unter uns. „Ein saftig-lebendiges Bukett nach weißem Birnenkompott und grünen Äpfeln“ ist das Mindeste. Selten genügt dem Weinlyriker eine einzige Frucht, etwa ein „Hauch von Pfirsich“. Wobei schon hier zu fragen wäre: welcher eigentlich? Der „Kernechte vom Vorgebirge“, der „Rote Ingelheimer“ oder eine alte badische Landsorte. Wer einmal schmecken durfte, welche Unterschiede es allein unter süddeutschen Birnensorten oder Wildpflaumen gibt, wird die Werke der Weinlyriker fürderhin zurückhaltender bewerten.

Als klassische Kopfgeburt darf die „dunkle Waldbeere“ gelten. Bei der dunklen Waldbeere handelt es sich um eine hochkomplexe Frucht, die zwar noch niemand gesehen, geschweige denn gegessen hat, aber das macht nichts, denn es geht ja um Wein und um‘s Gerede darüber. Die Formel zur Seligsprechung lautet: Länge x Unverständlichkeit = Absolution. Neulich habe ich vom Winzer Clemens Lang (vgl. S. 240) einen denkwürdigen Satz gehört: „Der riecht wie Spätburgunder.“ Riecht wie Spätburgunder, Punkt.

Eine andere Geheimzunft sind die Objektivierer. Mit Punktesystemen, Bewertungsbögen, Tabellen und militärischer Sprachdisziplin: 87,5 Punkte, Basta! Önologische Fliegenbeinzählerei in Reinkultur, leider relevanzfrei außerhalb einer kleinen Gruppe von Linientreuen. Schon am wissenschaftlichen Basiskriterium der Reproduzierbarkeit von Ergebnissen würden 90 % aller numerischen Weinbewertungen scheitern. Es ist doch seltsam, daß sich alle Großnasen bis heute weigern, eine breit angelegte Verkostung einfach mal eine Woche später zu wiederholen.

Vergessen Sie also angebliches Expertenwissen und mäßig kaschierte PR-Artikel. Wer heilt, hat recht. Wer Wein trinkt, hat das Recht, seinem Gaumen und dem Kopf am Morgen danach zu vertrauen. Trinken Sie, was Ihnen schmeckt und bekommt. Auch Profis an renommierten Weinfachschulen sind mittlerweile soweit. Ein beliebter Weintest, erfunden an der Schweizer Hochschule für Getränketechnologie in Wä-

Burgunder ohne seidiges Tanninkleid

denswil, heißt JLF-Test, auf deutsch: „Je leerer die Flasche". Geht so: fünf Leute, zehn Flaschen (verschiedene Qualität, aber eine Sorte). Jeder kann die Weine probieren, beschimpfen, loben. Beeinflussung anderer ist erlaubt und erwünscht. Die Flasche, die zuerst leer ist, ist die beste. Und fertig. Ein Wein, der am Ende übrig bleibt, taugt nichts. Egal, was der Wein gekostet hat und wie er anderswo bewertet wurde. So was, Weintrinken kann tatsächlich Freude machen.

Mein Fazit nach 30 Jahren Weingenuß, nach Jahren mit eigenen Reben, Winzergesprächen und Fachsimpeleien: Dreiviertel der Weinsprache dient dem Aufbau einer Drohkulisse. Die hohen Priester der Weinprosa wollen es so, der Konsument soll sich unwissend und ausgeliefert fühlen – so ähnlich wie beim Pontifikalamt. Wer will, kann sich ja ein Gesangbuch kaufen und hinterherschmecken. Der Rest verläßt sich auf seine eigenen Sinne.

Die wichtigste Regel beim Weinkauf – den eigenen Sinnen trauen

Kleine Anleitung zum Weinkauf

Vergessen Sie all die gedrechselte Weinprosa, alle Parker-Punkte, Feinschmeckersymbole und Medaillen. Vertrauen Sie allein Ihren Sinnen und wenigen, klar meßbaren technischen Daten. Damit läßt sich ein Wein zumindest einigermaßen befriedigend erfassen. Basiswerte der Analytik sind:

Alkoholgehalt
Restzuckergehalt
Säuregehalt

Zum Alkoholgehalt: Alkohol ist ein Geschmacksträger. Richtig, aber nur die halbe Wahrheit. Mit einem hohen Alkoholgehalt läßt sich eben auch mangelnde Substanz und Aromatik dünner Ausgangsware kaschieren. So ähnlich wie in der Küche, wenn eine dünne Sauce nichts taugt, wird sie gerne mit Butter oder Sahne aufmontiert, oder es wird mit Zucker rumgebastelt.

Weinertrag um 1900:	25 Liter je ar
Gesetzliche Ertragsobergrenze heute:	ab 90 Liter je ar
Grenze zwischen Masse und Qualität:	um 50 Liter je ar

Bei Prädikatsweinen wie *Kabinett, Spätlese, Auslese* darf der unvergorene Most nicht mit Trockenzucker angereichert wer-

Grauburgunder mit Pilzbefall (Botrytis)

den, um den Alkoholgehalt zu erhöhen (französisch: *chaptalisieren*). Dagegen dürfen alle sogenannten *Qualitätsweine* angereichert werden. Das Anreichern mit Trockenzucker (aus dem Sack) geschieht vor der Gärung, es hat also nichts mit einer Süßung durch Gärunterbrechnung oder Zugabe von sterilisiertem Traubensaft nach der Gärung zu tun. Vor der Gärung zugegebener Zucker vergärt restlos zu Alkohol, auch trockene Weine können angereichert sein, gerade einfache Qualitäten sind es oft bis immer. Motto: Was die Lage nicht bringt, bringt der Zuckersack.

Natürlich sind Weine aus Spitzenlagen mit hohem natürlichem Traubenzuckergehalt keine Leichtgewichte, sie können es nicht sein, sollen es nicht sein. Problematisch aber, wenn Alltagsqualitäten auf Alkoholwerte von mehr als 12 (mitunter sogar über 13 Vol %) „verbessert" wurden. Wer trinkt schon gerne mit Geschmacksverstärker?

Wer den Wein als treuen Begleiter schätzt, tut ohnehin gut daran, nicht auf jene schweren Brummer zu setzen, die Preise abräumen, im Alltagsbetrieb aber einfach zu wuchtig sind.

Gesunder Grauburgunder

Ein finessenreicher Wein, der leicht, aber nicht leer wirkt, das ist die Kunst. Wer elegante Weine hoher Qualität sucht, ist mit einem klassischen, trockenen *Kabinett* oft am besten bedient – leider wird diese Qualität immer seltener.

Trockene Weine zwischen 11 und 12, maximal 12,5 Prozent Alkohol liegen im bekömmlichen Bereich. Oft (nicht immer) sind es trockene Kabinettqualitäten, in denen natürlicher Alkoholgehalt und aromatische Substanz am bekömmlichsten ausbalanciert sind.

*

Restzucker: Bei der alkoholischen Gärung wird der natürlich vorhandene und der eventuell zugegebene, „angereicherte" Zucker durch Hefen in Alkohol und Kohlensäure umgewandelt. Der Alkohol bleibt im Wein, deshalb mundet er. Die Kohlensäure entweicht aus dem Faß, deshalb blubbert es im Keller. Und der Zucker ist restlos weg, weil die Hefen fast immer ganze Arbeit leisten. So läuft das von Natur aus. Zurück bleibt allenfalls ein unvergärbarer Rest von ein bis zwei

Gramm. Dieser sogenannte *Restzucker* in naturrein, durchgegorenen Weinen ist praktisch nicht zu schmecken.

Der Kunde, vor allem aber die Anbieter wollen es aber manchmal milder, süßer, harmonischer und so weiter. Oft muß schlicht und einfach dünner Massenertrag aufgepeppt werden. Das läßt sich arrangieren, indem man dem Wein *nach der Gärung* etwas sterilen, süßen Traubenmost zugibt. Was einen gewissen Nettigkeitszuwachs bewirkt; schließlich ist auch Zucker ein Geschmacksträger.

Früher gab es eine Grenze von *4 Gramm Restzucker je Liter,* bis zu der ein Wein als „trocken" angeboten werden durfte. Das war eine bewährte Grenze. Als die Hektar-Erträge stiegen, der Most dünner wurde, als es darum ging, Wein auch für Altbierkundschaft aus Wanne-Eickel schmackhaft zu machen, wurde die Grenze für trockene Weine auf *9 Gramm je Liter* erhöht. Die mittlerweile gängigen Werte um fünf Gramm Restzucker bei sogenannten „trockenen Weinen" sind ein Resultat von Kellertechnik und Zielgruppenansprache.

Ausnahme sind edelsüße Weine, deren hoher natürlicher Traubenzuckergehalt von vielen Hefen nicht restlos vergoren werden kann. Manchmal bleibt ein Most auch „hängen" und behält damit einen untypisch hohen Zuckeranteil, was vereinzelt reizvoll sein kann. Aber das sind Ausnahmen. Die Regel ist: Durchgegorene Weine haben maximal 2 Gramm Restzucker, Werte darüber sprechen für Harmonisierungsbestreben im Keller.

*

Säuregehalt: Ohne Säure schmeckt kein Wein. Säure gibt Frische, Struktur und Haltbarkeit. Mit zuwenig Säure schmeckt ein Wein wie eingeschlafen, unfrisch lappig, nicht animierend. Mit zuviel Säure kann ein Wein einfach nur noch sauer, spitz oder lästig schmecken, aber das sind Ausnahmen. In der Regel haben die massentauglich ausgebauten Weine eher zuwenig Säure. Die Gesamtsäure eines Weines besteht anfangs aus der spitzen, mitunter auch problematischen Apfelsäure und erwünschter Weinsäure. Im Laufe der Reife baut sich die Apfelsäure ab, der Wein wird runder.

Im Keller kann Säure neutralisiert, oder auch durch einen kontrolliert herbeigeführten BSA *(= biologischer Säureabbau)* gemindert werden. BSA bei Rotweinen ist heute die Regel, deshalb schmecken die hiesigen Spätburgunder runder, gefälliger und weniger kantig als ehemals. BSA bei Weißweinen ist eher die Ausnahme. Manche Weißweine wie Riesling bringen hohe Säure und haben damit auch hohes Potential, manche haben eher wenig Säure und sollten daher bald getrunken werden.

Säure läßt sich durch Restzucker gut abpuffern, deshalb schmeckt die Säure trockener Weine mitunter straffer. Bevor die Sache zu kompliziert wird: *Säurewerte* unter fünf, sechs Gramm je Liter sind niedrig und gehen in Richtung Langweilerwein; Werte darüber versprechen mehr Potential als Risiko.

Spätburgunder Rotwein, dem man seine Säure und die Gerbstoffe gelassen hat, wirkt Anfangs wie ein rauher Bursche, er kann sich aber großartig entwickeln. Nur, solchen Spätburgunder gibt es kaum.

Säure = *Potential, Frische, Haltbarkeit*
unter 5-6 Gramm je Liter = wenig Spannung
über 6 Gramm wird es interessant

Mein Rat: Setzen Sie auf eine Hand voll Vertrauenswinzer. Mehr Quellen verwirren nur, weniger machen bisweilen hörig. Es ist wie bei Ärzten, die Zeit des allwissenden Mediziners ist vorbei, ein zweiter Geschmack kann manchmal neue Horizonte öffnen. Zickiges Winzerhopping macht aber selten glücklich. Lieber auf wenige, seit Jahren verläßliche Spezialisten setzen. Alle im Buch empfohlenen Namen sind ihrem Stil seit Jahr und Tag verpflichtet und in ihrer Klasse weit überdurchschnittlich. Wer mit diesen Weingütern nicht glücklich wird, sollte es mit einem anderen Getränk und einem anderen Buch versuchen.

Wir können alles, außer Weinstube

Weinstube verzweifelt gesucht

Es könnte ja sein, daß Sie im Kaiserstuhl nach einer klassischen Weinstube suchen. Nach einer Instanz, die zum Probieren und Sinnieren animiert. Herausragende Lagen und Qualitäten vereint unter einem Dach, ohne Kirchturmdenken, ohne Neid. Echte Qualitätsweine auch im Offenausschank, die Einrichtung ohne Regiokitsch, Bänke und Tische aus blankem Nußbaumholz, wie im Kaiserstuhl gewachsen. Sachdienliche Gläser, ein paar eskortierende Kleinigkeiten zu essen: luftgetrockneter Schinken, Rohmilch-Bergkäse vom Schwarzwald, ein Steinofenbrot mit großen Löchern und dunkler Kruste, etwas Salzbutter dazu. Im Herbst stehen frische Nüsse auf dem Tisch, im Frühling gibt es den ersten Löwenzahnsalat mit einem pochierten Ei.

Das wäre Regionalkultur statt Regiotümelei. Könnte doch sein, daß Sie so etwas suchen. Gibt‘s aber nicht, trotz aller Sonntagsreden und Werbeschriften zum Thema „Kulinarischer Kaiserstuhl“. Eine exemplarische Weinstube könnte Schaufenster und Vorbild für die gesamte Region sein. Aber leider gilt, bis zum Beweis des Gegenteils: „Wir können alles, außer Weinstube.“

Das Auge des Vulkans: Badberg, Alt Vogstburg und Eichelspitze

Orte

Einkehren & Unterkommen

Einkaufen

NATURVERPACKUNG

Auswahl Weingüter

Dr. Heger, Weingut, Ihringen 68 ff
Michel, Weingut & Strauße, Achkarren 130
Gretzmeier, Weingut & Strauße, Merdingen 237
Höfflin, Weingut, Bötzingen 28
Keller, Weingut & Wirtschaft, Oberbergen 175
Lang, Weingut, FR-Munzingen 240

Auswahl Straußenwirtschaften

Natürlich gibt es noch einige Straußen mehr, gerade an Kaiserstuhl und Tuniberg. Aber dies soll kein Straußenführer sein. Diese Straußen haben mir einfach besonders gut gefallen, auch deshalb, weil hier Rustikalität nicht als Verkaufsmasche, sondern als Verpflichtung verstanden wird. Außerdem wird dort die Weinkultur gepflegt, wozu auch angemessene Gläser und Weintemperatur zählen.

Alle Angaben in diesem Buch wurden vom Autor nach bestem Wissen erstellt und von ihm und dem Verlag mit größtmöglicher Sorgfalt geprüft. Inhaltliche Fehler (auch irrtümlich genannte Ruhetage, Öffnungszeiten etc.) sind dennoch nicht vollständig auszuschließen. Daher erfolgen alle Angaben ohne Garantie des Verlags und des Autors. Beide übernehmen keine Verantwortung und Haftung für etwaige Unstimmigkeiten.

Verlag und Autor freuen sich jederzeit über Anregungen, Tips und Korrekturhinweise!

Fotos und Abbildungen: Seite 16, 54-55, 86-87, 118, 272, 287, 316, 346-347: Mit freundlicher Genehmigung vom Ballonteam Norbert Blau, Freiburg. Seite 96: Cora Galm. Alle anderen: Wolfgang Abel, Cornelia Stauch, Archiv Oase.

Die *historischen Fotos* wurden von Herrn Blum, Kaiserstuhldrogerie Blum in Ihringen zur Verfügung gestellt. Die *Bilder* auf S. 103 und 118 wurden reproduziert nach Originalen im Gasthaus Schwarzer Adler, Oberbergen.

Karten: Römer.Grafik, Wurzelbrunnenstraße 20, 79241 Ihringen

Oase Verlag
D-79410 Badenweiler
www.oaseverlag.de

Herstellung:
fgb • Freiburger Graphische Betriebe

ISBN 978-3-88922-079-0